Jürgen Schmid • Wir sind viele

JÜRGEN SCHMID

Wir sind viele

Ansichten, Draufsichten

Bibliografische Information der Deutschen Nationalbibliothek
Die Deutsche Nationalbibliothek verzeichnet diese Publikation in der Deutschen Nationalbibliografie; detaillierte bibliografische Daten sind im Internet über http://dnb.d-nb.de abrufbar.

Rheinstraße 46, 12161 Berlin
Telefon: 0 30 / 76 69 99-0
www.frieling.de

ISBN (Print): 978-3-8280-3594-2

1. Auflage 2021
Umschlaggestaltung: Michael Beautemps

Printed in Germany

Inhalt

Vorwort

Kriege, Konflikte, Krawalle – diese ärmste aller Erden kommt nie zur Ruhe. Oder war das vielleicht schon immer so? Als unsere Wissensquellen nur Briefe, Bücher und Gespräche waren?
Menschheit, aber keine Gemeinschaft. Wird sie nie werden. Die letzte Hoffnung ist noch, dass wir uns irren, dass wir die Zeichen falsch deuten, dass noch alles gut wird. Was dieses „gut" dann sein wird, „Weltgemeinschaft" wird auch das nicht sein. Wir sind zu viele.
Die schwersten Konflikte, die jetzt schon nicht mehr lösbar sind, ohne neue zu erzeugen, werden durch ein noch schlimmeres Übel übertroffen. Wir werden immer mehr.
Vor dem, was daraus folgt, verschließen wir mitleidlos die Augen. Wir leben **jetzt**.
Wie Bakterien.
Neben dem Weltproblem „Menschheit" sind fürs Erste auch geringere zu meistern. Das Schlusswort zu diesem Vorwort deutet vorsichtig an, was eins dieser geringeren Probleme sein könnte, aber keins ist.
Denn Bedeutungssucht Einzelner ist kein Problem. Nur lästig.
Lästig wie Hautjucken oder Schluckauf in einem Konzert.
Unsere Gegenwart hat etwas Begünstigendes für Hautjucken mit Schluckaufs. Das bedeutet doch was.
Meine Biographie ist kaum erzählenswert. Erinnertes aus meiner Kindheit habe ich früher für einen anderen Zweck zusammengeschrieben und nehme es jetzt wieder auf. Das sind die beiden „Keine ganze Biographie" 1 und 2.

Viel Missvergnügen mit diesem Buch, liebe(r) Leser(innen); nein, so: Lieb innen (und außen, oder lieber Frau als Mann?), Schlüsselfrage, die letzte? Viel Missvergnüginnen! Ist das die Lösung?

J. S. 18.1.2021

Im Angebot

Man sieht es ihm nicht an. Lebt er? Wird er gelebt?

Da geht er hin mit seiner fahrbaren Badewanne. Wozu denn die? Die war gerade im Angebot. Den Kompressor für die Bereifung gab es dazu. Kostenlos.

Im Auto war kein Platz. Das holt er abends.

Jetzt wird er auf den Bus warten. Fußgänger mit Badewanne. Ungewohnt.

Wenn er jetzt jemanden hätte, mit dem er sprechen könnte.

Seine Frau wird fragen: Wozu denn die?

Er wird sagen: Die war gerade im Angebot. Seine Frau wird sagen: Bist du noch zu retten? Und er wird dastehen. Es war Dummheit, das wird ihm klar. Wohin mit der, die sie schon haben? Da wird er eine Firma beauftragen müssen. Das geht ins Geld. Und der Bus kommt nicht. Aber Leute kommen, immer mehr. Die haben doch gar nicht Platz in einem Bus. Und ich mit der Wanne. War sowieso blöd, auf den Bus zu warten, die krieg ich ja gar nicht rein. Ich lass sie stehen. Und geht los.

Telefon!

- Hier Wachtmeister Kanne. Was gibt's?
- Chef, hier steht 'n unbekannter Gegenstand. Sieht aus wie ne Badewanne mit Rädern. Kann aber auch was anderes sein.
- Ne Badewanne mit Rädern? Sind Sie sicher?
- Nee, ebm nich!
- Welche Straße?
- Helferstraße. Vor der Hausnummer dreizehn.
- Wir sperren alles ab. Bleiben Sie da. Ich schick die nötigen Leute.

Zu Hause die übliche Begrüßung. Na, wie war's? Och, sagt er, morgen gibt's die beleuchteten Milchkännchen, du weißt doch. Oh, sagt seine Frau, die kucken wir uns mal an. Wenn sie hübsch sind – na, kucken wir mal.

Die umliegenden Straßen sind im Nu verstopft. Ein Pfarrer wird versehentlich totgefahren, in den blockierten Autos wüten wutgelbe Autofahrer still vor sich hin. Andere steigen aus und vertreten sich die Füße.

Am nächsten Tag ist die Sperrung aufgehoben, die fahrbare Badewanne war tatsächlich eine fahrbare Badewanne, die beleuchteten Milchkännchen sind wirklich hübsch, leider gibt es sie nur in Rot. Komm, wir kucken uns noch 'n bisschen um, vielleicht sehen wir was Schönes. In der Helferstraße, du weißt schon, ist gestern ein Pfarrer totgefahren worden. Alles, was recht ist, aber das geht doch zu weit.

2020

Das Rad der Geschichte und Freudentränen

Liebe Marionettinnen, liebe Marionetten! Zum Jahrestag der Marionette, er lebe hoch, mit einem Wort, wir siegen, was wir drehen, mit Freude und Genugtuung erleben und begehen, das Rad der Geschichte und Freudentränen. In der Stunde null eines ewigen Nullpunkts eines – (zu Marion, die hinter ihm steht: Nee, Nullpunkt war jetzt falsch. Wer hat denn das geschrieben! Das muss – ah ja – so! Ja.) mit uns durch uns! Wir sind der Sieg der Demokratie. In unserer Hand sind Bildung, Verantwortung und Bekleidung, Finanzen, Verkehr und tägliche Versorgung mit Macht und verlässlicher Mehrheit in Parlamenten und Anstalten. Wir sind Schlüsselposition und Aufbruch in einem. Nie und nirgends und nie mehr werden Dämonen des Vergangenen – ich finde keine Worte, wir sind das Volk, meine sehr verehrten Marionettinnen und Marionetten, kein Ruf der Geschichte durchdringt mit mehr Nachhall diese, diese –. (Er hebt die Hände wie zum Gebet und sinkt leblos vor Marions Füße. Marion findet im Gewirr die richtigen Schnüre und erreicht durch geschicktes Ziehen das Öffnen seines Mundes und das Hervorbringen eines zufriedenen „Aaah". Sie stellt ihn wieder hin.) Ich will zum Ende kommen, das Ende, letzten Endes, wir sind das Volk, meine sehr verehrten Marionettinnen und Marionetten, ob mit uns weiterhin zu rechnen sein wird oder ohne, wir werden bestimmt, ähmm – nein! Wir werden belacht. Pioniere und Opfer, die wir waren, das Lachen wird ihnen vergehen. (Beifall, Rufe; zu Marion: Was denn, das kann ich nicht lesen, irgendwo muss gewaltige Demokratie stehen, steht irgendwo, oder gewaltiges Netzwerk, das macht der Krach – ich muss was essen. Wie gehts jetzt weiter! Kuck mal nach.)
Die Ersten mampfen schon am Buffet. Die Versammlung löst sich auf.

2015

Eine Begegnung

Begegnet bin ich ihm am Grimnitzsee. Örtliche Naturschützer bauen gern Panoramaplattformen in die Natur. In einem haben sie recht: Der Fremde, der staunende Blicke um sich wirft, der ohne Ehrfurcht Kröten und Lilien zertritt und allen hörbar über die Natur befindet, dass sie schön sei, wird auf einen Fußpfad gelenkt, an dessen Ende ein Aussichtstürmchen einlädt. Hier hören wir ihn dann: Diese Natur! Dieser wunderschöne See!
Fremde können nicht anders. Damit richten sie keinen Schaden an. Sie planschen nicht an den Reusen, Kröten und Lilien bleiben ganz und der Frauenschuh, der in diesem Sommer besonders üppig gedeiht, kann unbehelligt weiter gedeihen.
Ich sah jemanden sich nähern, der mich in meinen Betrachtungen stören würde, der mir jetzt schon ärgerlich war. Ich wollte allein sein.
„Ein Einheimischer? Ohne die Merkmale des bewundernden Städters, das trifft sich gut", war seine freundliche Begrüßung. „Ich kenne Sie nicht. Sie sind nicht von hier?" Kein Störenfried, wie eigentlich ich in seinen Augen sein musste.
Warum erzähle ich das? Wir waren ein paar Stunden da oben. Ohne Ah und Oh, ohne Verwunderung und sofort befreundet. Wie benachbarte Pflanzen im nachmittäglichen Sommerwind.
Ungespanntes Erwägen, Vermutungen ohne Enthusiasmus …
Nein, sagte er, wir sind Menschen und suchen. Das tun Tiere auch. Nur – ohne unser „Wann denn nun endlich!". Das ist der Unterschied. Wir suchen Erfüllung. Dadurch sind wir Fremdkörper. Wir halten Erfüllung für Glück. Was wir tun, wir tun es aus Sehnsucht.
Zum Abschied sagte ich sowas wie: Sie sprechen aus, worüber ich mit anderen gern spräche, aber in der Verwässerung durch Gemeinplätze leicht ertrinke. Für diese anderen verkleide ich mich. Mir ist, als wäre ich mir selbst begegnet, Sie sind mein Nebentier.
„Behalten Sie das im Auge", sagte er.
(Als junger Ingenieur war er am Bau des Passgierflugzeugs 152 der DDR beteiligt, das unter nie veröffentlichten Umständen abstürzte und dazu führte, dass weitere Arbeiten daran eingestellt wurden.)

2020

Weltretter

Über die Vermutung einiger Vermuter, die Erde sei vor langer, langer Zeit von Außerirdischen besucht worden, lächeln wir. Lächeln ist unschlagbar, allerdings kein Argument. Zwanghaft wird mitgelächelt, wo alle lächeln. Das entwertet das Lächeln.
Was fanden sie denn hier, die Außerirdischen! Oder noch schärfer: Was suchten sie denn?
Sie suchten, das ist doch klar, sie suchten etwas für sie Unentbehrliches, oder sie suchten nichts und hatten nur eine Flugpause, die nach dem Bordreglement alle, sagen wir, zehntausend Jahre vorgeschrieben war.
Und was fanden sie? Neugierig witternde Zweibeiner, mit Keulen und Speeren bewaffnet und lauernden Augen. Hallo Leute! Keine Antwort.
Ringsum richten Tausende explodierender Sonnen unermesslichen Schaden an. Das ist schlimmer als Krieg, mit dem sich einige Völker auf einigen Planeten befassen.
Diese Gestalten zum Mitmachen bei der Weltrettung aufmuntern? Lächerlich. Nur weg von hier, schade um die vertane Zeit. Weg von hier! Und weg waren sie. Spurlos, kommuniquélos in der weiten Welt.

2020

Sie erschlagen die Zeit

Den folgenden Sarkasmus habe ich 2005 geschrieben. Da hatte das friedlich ineinandergeratene Deutschland immerhin schon ein Alter von 15 Jahren.
Bei mir zu Haus ist das so: Abends fallen die ersten Schüsse. Schreie, Stöhnen, metallische Befehle, quietschende Autoreifen, Glas splittert. Was ist da los?
Die Leute schlagen die Zeit tot. Da schreit die Zeit. Das macht Lärm.
Es ist das tägliche Fernsehen, nichts weiter. Alle kucken Fernsehen.
Gibt's nichts Vernünftigeres?
Schon die Frage!
Knabberverstärker, Verbrauchsverstärker, Gefühlsverstärker … an wem das alles abprallt, der kann sich freuen.

Blödheitsfördernde TV-Anstalten werden durch die „Berliner Woche" (eine sogenannte Zeitung) aufs Wirkungsvollste unterstützt. Die ist runtergekommener Journalismus mit Werbeanzeigen. Mit der „Berliner Woche" wird man zwangsversorgt. In jedes Exemplar (einmal wöchentlich) wird, als Draufgabe, eine nicht kleine Menge an Werbeprospekten geschlagen, die wohl vor dem Gesetz als Bestandteil der „Zeitung" gelten und dadurch gegen die Bitte „Keine Werbung!" ins Recht manipuliert werden.
Ich zitiere mal einen Artikel vom 22. September 2004 in dieser „Berliner Woche", Seite 5.
Zitat eingerückt.

> Publikum wählt die Leiche aus
> Prenzlauer Berg. Mysteriöse Todesfälle sorgen für Nervenkitzel bei den Zuschauern. An jedem letzten Sonnabend im Monat treibt ein Auftragskiller im „BühnenRausch" an der Erich-Weinert-Straße 27 sein Unwesen. Die Zuschauer helfen dem Ermittler bei der Aufklärung des Falls. „MordArt" ist eine neue Variante des Improvisationstheaters Engelhardt.
> Doerthe Engelhardt von der Improvisationstheatergruppe „Paternoster": „Wir fragen das Publikum, wer das Opfer sein soll und welche Charaktere die anderen Schauspieler darstellen sollen." Dann findet der Mord statt. Die Akteure auf der Bühne losen mit Briefumschlägen geheim aus, wer der Mörder ist.

Es gibt noch etwas weiteren Text zu weiteren Einzelheiten – na ja.
Und dann raten alle, wer es nun war. Und
die Zuschauer werden beteiligt.
Werden beteiligt – und dann werden die Briefumschläge geöffnet, dann gibt's die Überraschung, dann die Verhaftung …
Ist das zu glauben?

Der Text ist von 2005. Meine Reaktion verschweige ich. Zu grausam! Heute bin ich an das neue Klima in den neuen Bundesländern gewöhnt. Komisch – gegen **den** Klimawandel hat keiner was. In diesem Klima fühlen wir uns wohl am wohlsten.

2020

Brett oder Scheibe

Alle wünschen sich ein Brett vor den Kopf, ein buntes.
Kein Wunsch ist leichter erfüllt als der. Flachbildfernseher stehen ja rum.
Flachbild – kein glückliches Wort.
Nun frisch gekauft! Fernsehn satt! Nein, auch wieder nicht. Fernsehn kriegt keiner satt, klar. Ich dachte an die Fischschwemme, die regelmäßig wiederkehrende, und das Angebot in den nördlichen Speisehäusern.*
Also Fernsehen: Fernsehen stillt den Hunger nach Information und befriedigt die Sehnsucht nach Unterhaltung. Information wird, ähnlich füttert man Rinder, in Form von Pellets** hingeschüttet. Wer schon satt ist, wer sogar schon zum Platzen satt ist, will immer noch mehr. Immer noch mehr. Hirnmast.
Die Folgen der Dauerernährung mit Informationspellets sind eben nicht Gewinn von Wissen und Denkfähigkeit, sondern Unsicherheit beim Unterscheiden zwischen Gut und Böse, Nachlassen der Fähigkeit, Personen und deren Inhalte zusammenzubringen, und allgemeine geistige Koordinationsschwäche, in deren letzter Phase versucht wird, durch Kreuzworträtsel oder Sudoku irreparable Schäden am Hirn zu reparieren. Ohne solche Gewalt wären vielleicht noch letzte Reste psychischer Gesundheit zu retten, nun werden die in letzter Sekunde auch noch missbraucht, vergeudet und mit Füßen getreten, und das Ende vom Lied: Verbaler Schmutz und visueller Lärm sind Wohltaten geworden.
Und Unterhaltung. Flache Hand ins Gesicht: Kopf knallt in den Nacken. Faust in den Magen: Kopf schleudert zurück. Backpfeife links, Backpfeife rechts, Kitzeln, Backpfeife, Faust, Knie, Backpfeife …
Mehr! Mehr!
Zum Schluss lachen wir uns tot. Brett vorm Kopf.

K. sagt: Ich weiß nicht, ich weiß nicht, kann man das so schreiben?
Herbert D. K. beanstandet die Inkonsistenz. Brett (immer aus Holz) und Bildschirm (nie hölzern) erwecken den Eindruck gewollter Spielerei mit untauglichen Mitteln. Da hat er recht. Besserwisser. Keiner hätte es bemerkt.
Dann schreibe ich eben: Einer, der eine Scheibe hat, ist einer, an dessen Vernunft am besten gezweifelt wird.
Eine reale Scheibe ist rund oder oval. Scheibe ist andererseits der Name des

Fensterglases. Bovis hat, wenn er auf der Scheibe seines Fernsehers die Welt sieht, die Illusion, er sehe die Welt.
Ich sage messerscharf: Bovis sieht seine Scheibe.
Bovis wäre nicht Bovis, wenn ihm jetzt ein Licht aufginge.

2010

* „Fisch satt!“
** Muss nicht erklärt werden

Spielzeug

Sie muss eine Klippschule gewesen sein, da sie Leute wie mich geprägt hat. Heute ist es eine Hochschule. In jener Klippschulzeit waren Nützlichkeit und Notwendigkeit im gesellschaftlichen Leben eng miteinander verknüpft. Das war einmal.
Spielzeug wird seit tausenden Jahren hergestellt, man möchte fast meinen, schon immer. Kleine Boote, Scheunen und Tiere, Puppen … wir wissen schon.
Gegenständliches Spielzeug hat keine Bedeutung mehr. Man spielt am Computer. Kind an seinem, Vater an seinem. Oder auf dem Tablet. Oder auf dem Smartphone. Kind auf seinem, Vater auf seinem. Sie spielen Spiele. Getrennt!
Für die Spiele wird natürlich nichts geschnitzt, bemalt oder genäht, da wird, na? Richtig! Disaint. Danach heißen sie Gäims. Spielen boomt.
Also die Hochschule. Da wird probiert, promotet und gemastert. Das macht Spaß. Wer mit Computerspielen groß geworden ist und den Spaß schon im Blut hat, kann ihn auf die Spitze treiben mit der Aussicht auf einen akademischen Titel: Er studiert Game-Design. Die HTW, deren Kinderschuhe für mich mal die Welt waren, bietets an: Game-Design. Wirklich! Game-Design.

2013

Überredbar

Was unterscheidet uns vom Tier?
Sprache und Schrift, Abstimmungen, Brücken und Straßen, das bringen Tiere auch fertig. Weniger perfekt, schon wahr, der Unterschied ist aber nur quantitativ. Die Vernunft ist es also nicht. Dass wir, unter Zuhilfenahme unserer – Vernunft, Schaden stiften bis zur Selbstgefährdung oder, was heute schon jedem einleuchtet, bis zur Selbstvernichtung, macht uns noch nicht zum Nicht-Tier (eher schon zum blöden Un-Tier). Unsere, allerdings schon degenerierte, Tiervernunft macht, dass wir nur aktiv werden, wenn sie uns irgendeinen Nutzen vorgaukelt, das ist unter Tieren so. Unter Tier gebliebenen Tieren sind alle denkbaren Nützlichkeiten abzählbar.
Unter Menschen sind sie es nicht mehr und widersprechen einander. Auch andere Tiere leben miteinander nicht widerspruchsfrei. In der Fresskette sind wir ganz oben, aber immer noch Tier. Wo ist also der entscheidende Unterschied? Was hebt unser Menschtum über das Tiertum hinaus?

Wir sind überredbar.

Das ist es. Herausgehobenheit ist es gerade nicht.
Und der unübertreffliche Witz ist, wir überreden nicht nur andere, das ist die gewöhnliche Politik, wir überreden auch uns selbst. Und das ist nicht Politik, sondern Unzuverlässigkeit. Wir schmeißen hin, was gestern noch hehres Trachten war, wenn wir einen besseren Gedanken haben. Und wenn jemand mit geübtem Maul um unser Mitmachen balzt, dann wechseln wir schnell die Seite. Die Überredbarkeit macht uns zu unberechenbaren Tieren, heute mit diesem Ziel, morgen mit jenem. Das ist Menschtum.
Überredbarkeit – das Wort gefällt uns nicht so recht. Wir meiden es. Überredbarkeit ist ja in der Tat eine üble Eigenschaft. Sie macht, dass unsere Entscheidungen fremdbestimmt sind, unsere Vereinbarungen mit Nachbarn nur Überredungsergebnisse sind und unsere Parteien, Staaten und alle anderen Bünde nur durch Überredung gegründet werden und immer auf wackligen Füßen stehen.
Sind wir schuldhaft in die Überredbarkeit geraten?
Nein! Wir sind ein böser Streich der Evolution, ein Missereignis, ein Angstprodukt, etwas, das wirklich nicht nötig war.

Wir überschauen mit Mühe ein Kollektiv von drei, vier, fünf Leuten, bilden mit denen vielleicht eine homogene Gruppe, können ab zehn Personen Ratlosigkeit und Selbstkollisionen schon nicht mehr vermeiden und verfremden total in einer „Menschheit". Kein Tier zahlt auch nur einen Cent für fremde (und immer ungewünschte) Beratung. Unter Menschen ernährt sich durch Beraten ein ganzer Berufsstand. Es wimmelt von Beratern. Ich nenne sie Beschwatzer. Mit einem Wort: Keiner ist ehrlich, keiner ist verlässlich. Die Menschheit, als Gruppe, ist ebenso unzuverlässig, und ich würde, ohne einen guten Berater, mit ihr keine vertraglichen Vereinbarungen treffen.
Es gibt eine Asselheit, eine Walheit, alle denkbaren -heiten gibt es, Menschheit nur durch eine rosarote Brille. Eine kollektive -heit wird sie sein, wenn allen an **einem** Tag die Augen aufgehen. Wenn einer zum andern sagt: Lass uns wieder ein Teil der Natur werden. Seien wir wieder Tiere!

2019

Clarissa

Fünf Tonnen Blumenerde statt Kies? Was soll ich mit fünf Tonnen Blumenerde?
Seien Sie nicht dumm, sagt Clarissa. Kies ist gerade nicht da, Blumenerde ist im Augenblick spottbillig und Sie wollen doch nicht umsonst gekommen sein. Mit leerem Hänger würde ich nicht zurückfahren.
Clarissa ist eine schöne Frau.
Clarissa, denkt Norbert, Clarissa ist nicht auf den Kopf gefallen. Aber was sie da sagt, ist unsinnig, unerwachsen, unreif. Aber schön ist sie.
Frau Nachtreif, sagt er, pflanzen Sie Rosen in Ihrem Neandertal, ich fahre Ihnen fünf Tonnen Blumenerde vor die Höhle, Sie obendrauf.

2009

Ivonne im Zug

Sie drückt sich die Nase platt an der Scheibe. Felder, Wälder, Industrien, Städte davor und Trinker an schnellen Imbissen. Bahnsteige – vorbei, Bahnhöfe – vorbei.
Seen, Gehöfte und Straßen, Straßen, Straßen. Und Autos. Die wollen alle wohin.

- Mutti, die wollen alle wohin.
- Wer, mein Kleines?
- Die Autos. Kuck doch mal.
- Ach, Kleines, nicht die Autos. Die Leute da drin.

Der Zug brettert gut gefedert, gut gedämpft, gut gepflegt, gut klimatisiert durch die Welt, und als hätte Ivonne das eben erst hier Gedruckte gelesen, sagt sie bewundernd: Der brettert aber los! Ja, sagt die Mutter.
Ivonne quengelt bald, will beschäftigt sein.

- Mutti.
- Jaaa?
- Wir wollen was spielen.
- Sieh mal, Kleines, ich lese gerade. Ich bin auch müde – kuck mal, ein schöner See, ein Angler …
- Alles schon gesehn, Mutti, mir ist langweilig.

Nach einer kleinen Weile schläft Ivonne, an die Mutter gekuschelt. Nach einer weiteren Weile hört sie, noch schlafend: Schläfst du noch, Kleines? Wir sind bald da. Räum schon deine Sachen zusammen. Ich muss noch mal wohin. Du auch? Dann komm, und dann müssen wir uns auch schon ranhalten.
Wer jetzt schließt, das ist ein Gleichnis auf das Dasein – nun, denkbar ist es. Ist ja alles drin. Die erste Neugier, die lange Langeweile, die letzte Entleerung und die Erkenntnis, dass alle irgendwohin wollen.

2010

Paloma

Wenn hier bei mir ein Schiff vorbeikommt, das Paloma heißt, sage ich laut vor mich hin: Das Schiff heißt Paloma.
Da kommt wieder eins. Es heißt Paloma.

– Sieh mal, Mutti, der Kahn heißt Paloma. Was ist Paloma?
– Nein, Carmen-Priszilla, das ist kein Kahn, das ist ein Schiff.

Die Antwort ist so aufschlussreich wie eine Backpfeife.

Carmen-Priszilla wächst heran, hat nun selbst eine Tochter und anlässlich einer Prügelszene in den städtischen Schluchten ruft die: Mutti, Mutti! Der kann nicht mehr! Der andere schlägt ihn noch tot!
Und Mutti sagt: Nein, Carmen-Roberta! Das ist kein ER. Das ist ein Mädchen in Jungenkleidern.
Autismus? Virus im Hirn? Nein! Routine, Selbstbeleuchtung. Elternschulen wären das Richtige. Da sehe ich allerdings Probleme. Wer wären die Lehrer? Aber Elternschaftsbefähigungsnachweise! Ohne Elternschaftsbefähigungsnachweis keine Elternschaft und keine geohrfeigten Kinder.

– Was muss ich tun, um einen Elternschaftsbefähigungsnachweis zu erwerben?
– Den erteilt Ihnen jedes Kind.
– Aber
– Mit diesem Nachweis kommen Sie einfach zu uns. Ebenso Ihr Partner. Sie bekommen dann umgehend die Empfängnisentsperrungskarte mit den Richtlinien zur Wiederholungsprüfungsordnung.

Das klingt lächerlich. Aber wenn jemals alle Kinder unter glücklichen Wachstumsbedingungen heranwachsen sollten, dann nur so. Die durch bürokratische Blähsucht verursachten Hirnwinde muss man hinnehmen. Ich fürchte, Carmen-Roberta wird an *ihrem* Kind vorbeiantworten, das an seinem, das an seinem und immer so weiter.

2008

Besseres Einvernehmen

– Mutti, kuck mal, lauter Bücher!
– Und so viele, Eleonore, kuck dir das mal an!
– Bleib hier, Mutti, ich hab Angst.
– Ja – mir wird auch übel. Aber wir habens versprochen. Tante Elsbet wäre sehr traurig.
– Na dann los, Mutti.
– Wir müssen dahin, wo Kochbücher stehen.
– Kochbücher – hab ich nicht gesehen. Hier! Tante Elsbet hats doch am Knie. Das hier! „Freude am Leben, die richtige Pflege der Knie“, von nem – kann ich nicht aussprechen. Das? Oder das hier: „1×1 des Humors, eine kurzgefasste Anleitung“. Das?
– Nee, sowas nicht. – Aah, hier sind Romane.
– Roman heißt auch Roman.
– Ja, Roman heißt Roman und die Romane hier heißen jeder anders.
– Wer liest die denn alle? Muss man die lesen?
– Manche, Eleonore, müssen immer lesen.
– Egal was?
– Nnnein. Die einen lesen Romane, die anderen Reisebücher, wieder andere lesen Historisches, „Das Leben der Hormone“ und sowas ist auch sehr gefragt – wo sind denn nur die Kochbücher!
– Also, Mutti, Sibille Concordia hat mir gesagt, sie liest nur Sachen, die ihr beim Wachsen helfen, beim Reifen – gibts sowas hier auch?
– Ja, sicher. Lehrbücher … Fachbücher … da erlernt man das ABC eines Fachgebiets, eines Berufs … sie meint sowas, oder?
– Hat sie nicht gesagt. Aufbauendes, sagt sie. Sie sagt, ihr Vater liest aus langer Weile. Er sagt, die Uhr tickt und das hört er dann nicht mehr. Und sie sagt, am liebsten kuckt er sich Zeitschriften an, die müssen ja auch leben, sagt er, sagt sie. Dann isser ne Maschine, richtig ne Lesemaschine, und sie ist gar nicht mehr da – Lesen bildet, ist das wahr, Mutti?
– Das muss mal wahr gewesen sein, früher, viel früher, als Bücher noch Literatur waren. – Das eine oder andere Buch wird vielleicht noch Literatur sein, aber Millionen Bücher sind wie Sand. Er scheuert in den Schuhen, und manche Sande sind geeigneter Zuschlag im Beton.

Wenn Lesen Studieren ist, dann bildet Lesen. Wenn Lesen Zeitverbringen ist, Scannen ohne kritische Reflexion, dann ist Lesen vertane Lebenszeit. Komm, Eleonore, hauen wir ab. Ich koch Tante Elsbet eine Linsensuppe, da wird sie Augen machen und mit ihrem Rollator bis Bingen fahren. Im Nachlass der Hildegard findet sie vielleicht was zu Linsengerichten. Komm, Eleonore!

2017

Irgendwas lieben

Der jährliche Herbstkrieg gegen Herbstlaub hat begonnen. Wir blasen es, zusammen mit Kot und Schleim aus kranken Hälsen, in die Luft, harken es zusammen und fahren es weg. Erst wenn unter Bäumen und Sträuchern wieder nackte Erde zu sehen ist, wenn Unkräuter, Kräuter und Gräser ausgerissen sind, ist der Krieg beendet. Schleimstaub und Kotstaub haben sich in unseren Lungen, unseren Kindern, in unserem Essen abgesetzt. Wir sind zufrieden, jetzt herrscht Ordnung.

Wen der Herbstkrieg ermüdet, bucht in seiner Naturliebe wenigstens eine Kreuzfahrt zu malerischen Küsten, verhangenen Horizonten oder Gebirgen mit grausigen Schluchten. Andere sammeln sich zu Kreuzzügen gegen Ambrosia und kreuzgefährliche Prozessionsspinner. Dass wir die Natur lieben, lieben wir an uns und lieben drauflos.

Ohne Liebe ist das Leben kein Leben.

Wenn wir nur wenige Millionen solcher Liebender wären. Wir sind aber acht Milliarden. Laubpuster, Vergewaltiger, Abschneider, Kreuzfahrer und Zerzüchter. Seitdem wir unter den Schäden, die wir der Natur antun, leiden und uns neuerdings ängstigen, wächst die Erkenntnis, dass wir **sie** vor **uns** schützen müssen. Und nun **schützen** wir drauflos.

Immer mehr Ideen, wie das zu machen ist, springen in die Köpfe, und wessen Idee manchem doch zu bescheuert erscheint, der pocht auf Gleichbehandlung. Wir meinen schon gar nicht mehr die Natur, weil wir gar nicht wissen, was das ist. Wir meinen das Wort.

Sie wird uns den Hals umdrehen. Das ist Natur.

2019

Kultur

Unsere Ohren sind stumpfer, unsere Hirne sind satter. Beethovens Symphonien sind beiläufige Ereignisse des heutigen Tages. Sind schön anzuhören, wenn wir überhaupt noch hinhören. Was sie mal waren, ist uns fremd.
Wie oft konnte sich jemand in jenen Zeiten einen Konzert- oder Opernbesuch leisten? Der Aufführungsort war nicht nebenan, die Droschke kam nicht alle zwanzig Minuten. Die Mehrheit städtischer Bevölkerung waren Handwerker und vorsichtig heranwachsendes Proletariat, arme Leute.
Konzert, Oper und Operette am Aufführungsort waren den Klassen ab Mittelstand vorbehalten. Kammermusik war nur etwas für Liebhaber im kleinen Kreis.
Straßenmusiker verbreiteten mit ihren Leierkästen (Drehorgeln) auf Straßen und Jahrmärkten, in den Hinterhöfen der unteren Klassen, die eingängigsten Melodien aus Oper und Operette. Gern erlebte Minuten der Freude, einzig und viel zu kurz. Die Leierkastenmänner waren ja Wanderer, ihr Erwerb waren aus den Fenstern heruntergeworfene Münzen, in Papier gehüllt für die Auffindbarkeit, längeres Aufspielen an einem Ort vermehrte ihre Einnahmen nicht. Es gab auch schon Erscheinungen des Überflusses an Schönem. (Heinrich Heine beanstandet den im Zusammenhang mit dem Ohrwurm „Wir wi-hin-de-hen dir den Ju-hung-fer-hern-kranz“ in seinem zweiten Brief aus Berlin vom 16. März 1822.)
Heute ist Musik jener Zeit ein Unterhaltungs-Tsunami, der längst den Tod jeglicher Liebe zur Musik herbeigeführt hätte, wenn Bevölkerungen nicht die Fähigkeit hätten, Massenübeln durch Hinwendung zu anderen Übeln zu begegnen. Massenkompott, überdosiert und als Delikatesse kaum noch wahrnehmbar, sie wird ja beliebig wiederholt und immer öfter ohne Ansage geschüttelt, gemischt, ergossen …
„Klassik Radio“ (ARD?) verdeutlicht diese Tendenz in unübertrefflicher Reinheit. Den Mut, Musik auf den Wühltisch zu schaufeln, hatte bis dahin keiner. Hier hat Musik keinen Namen, keine Herkunft, über die man also auch nicht mehr sprechen muss. Sie tun ihren Job: Musik auflegen. Jeder Beruf verkommt zum Job. In wirtschaftliche Mode gekommener Amerikanismus.

2020

Unfrieden ernährt, ähmm

Menschliche Gesellschaft funktioniert durch Übereinkünfte. Nicht durch funktionierende Einrichtungen. Wo keine Übereinkunft getroffen wird, wird mit Blicken geworfen. Wenn Übereinkunft notwendig wäre, aber notwendige Einsichten fehlen, dann wetterleuchtet es in Presse und Rundfunk. Ihr tägliches Brot verdienen die Leute da ja gerade dadurch, dass der Frieden in der Welt dauerbedroht ist; in einer friedlichen Welt würden sie brotlos in den Straßen lungern, betteln oder dahin fliegen, wo noch auf Krieg gehofft werden kann. Medien leben von Umsatz und Einschaltquoten, das ist alles, was man über sie wissen muss.

Es wetterleuchtet also. Wer jetzt seufzt „Mein Gott“, der liegt schon richtig. Der Ruf wird gehört, und Gott spricht „Es werde Krieg!“ und es wird Krieg. So hat er uns ja gemacht.

Unbeseitigte Nichtübereinstimmungen von Meinungen eskalieren auch ohne SEIN Wort zu blutigem Rechthaben, und immer scheißt ein Erster früher oder später auf die Genfer Konvention, ob es sie gibt oder nicht. Das Nachsehen haben neutralisierte Tote und in Krüppel verwandelte Halbtote. Gesetz des Krieges (Gesetz Nummer 1). Erste Anzeichen für blutige Problembewältigungen sind immer Worte. Auch der Rundmaulwurm wäre ein militanter Finsterling, wenn er Worte hätte. Glücklicherweise ist dieses Wortelend nur Menschenelend. Nur der Mensch hat Worte und immer fällt ihm das für ihn günstigste Wort ein. Mephisto sagt es nur schöner.

Worum es auch geht, das Zank-*Objekt* wird Religion (Gesetz Nummer 2). In diesem Stadium kann der Zank nur noch schwer beigelegt werden. Nicht mehr so leicht wie ein Streit, aber es wäre noch möglich. Die ineinander verbissenen Anhänger unterschiedlichen Glaubens müssten nur, in ungewohnter Weitsicht, richtig schließen, dass die Menge von Machthunger und angemaßter Kompetenz auf jeder Seite ungefähr gleich ist. Wir wissen aber, dass Machtgier und Selbstüberhebung, wie schief wir sie auch ansehen, in uns siedeln wie Pneumokokken. In Persönlichkeitskrisen, bei geschwächtem seelischem Immunsystem, werden sie wirksam. Und sie **werden** wirksam. Wir erleben es ja immer wieder. Ob man überhaupt für oder gegen DASSELBE ist, wird gar nicht erst erwogen. Beide Seiten sind natürlich aus guten Gründen im Recht. Es gibt ja keine Übereinstimmung in den Begriffen. Das ist Gesetz Nummer 3.

Immerhin könnten Diplomatie und guter Wille noch – aber leider! Hör-, Druck- und Bildmedien springen mitten hinein in eben erst recht und schlecht beigelegte Konflikte und blasen die noch schwelenden Konflikttrümmer wieder an – dann brennt es wieder, dann endlich wird wieder mal klar: Frieden verzehrt, Unfrieden ernährt. Gesetz Nummer 4.
Ich in meinem abgeschriebenen Schöneweide habe die Übersicht und bleibe vorläufig Befürworter des oben Gedruckten. Leichten Muts, aber nicht um jeden Preis. Manches gehört wirklich nicht hierher. Zum Beispiel – na, ist jetzt nicht so wichtig.
Oh, sagt der Leser, gerade *das* hätte mich aber interessiert.
Er will es *lesen*, das nicht so Wichtige. Er will es wissen, das nicht so Wichtige.
Da wäre er gern ein Glöckchen, ein zart angeschlagenes, klingendes Glöckchen, was? Und vorher? Da war er – unwach, unerregt, unda. Hätte mich interessiert, hätte mich interessiert … phh.
Aber, aber, liebe Leserin, lieber Leser! Unwach ist kein Vorwurf. Ohne Reize von außen schlafen wir ein. So ist das leider. Glocke ist eher gut, verglichen mit einer – Motte. Sagen wir mal Motte.
Oder nimm eine Bratsche. Versenk dich in ihre Figur – sehr weiblich, was? Warum gerade so? Warum von unendlich vielen Gestalten gerade die? Schwant dir was? Eben warst du noch leer. Jetzt erregt dich ein Körper, den du sanft streichelst. Du reagierst auf „Bratsche", sie reagiert auf Anstreichen. Was wir tun, was wir denken – wir **re**agieren. Im besten Fall gehen wir aus uns heraus. Das ist schon Resonanz.
Wir sind Klangkörper, die nur auf eine Frequenz gestimmt sind, selten mehrere: ein Wort, ein Schrei in der Bahn, die Lottozahlen oder der Welttag der Amsel … da sind wir angeregt, da wachen wir auf, da resonanzen wir. Der eine ist mehr Motte mit Glöckchen, der andere schon mehr Glockenspiel. Nur wenige von uns sind Geigen. Oder Bratschen. Anstreicher? Wenige, sehr wenige.
Erst verstand ich nichts davon, jetzt, ähm – du wartest auf den ersten Anstrich? Bitte!
Was hältst du vom obigen Text?
Die richtige Antwort ist ähm. Ähm ist bündig und indiskutabel. Oder, noch deutlicher: Ähm unterdrückt von vornherein Auseinandersetzungen, die ja immer drohen. Ähm ist nicht nur Joker, ohne den es auch ginge. Ähm

gehört zum Wortschatz, ohne den nichts geht. Im Welt-Wörterbuch, in dem „Taxi", „Theater" und „Trauma" befugt Plätze einnehmen, muss endlich auch ähm stehen.

Wenn wir mehr als „ähm" zu sagen haben wollen, dann gebrauchen wir einfach die stehende Wendung „Ich denke, ähm – ja!". Mit fallendem Ton. „Ähm – ich sach mal –" macht ebenso eine schöne Figur. Und schon intellektuell wirken, und sie sind leicht zu erlernen, simple Erweiterungen mit „letztlich" oder „von daher äm". Wer das kurze Wort liebt, den aufmunternden Klaps, den erhellenden Schreck der reinigenden Detonation, ersetzt ähm durch ämm.

Diese Einführung ist kurz und erschöpfend. Mehr muss man nicht wissen. Sei mutig, selbstbewusst und ein klein wenig erfinderisch, und du kannst schon treffliche Aussagesätze zusammenstellen. Übung macht ja den Meister. Die persönliche Meinung zur gegenwärtigen Lage kleidest du in die kategorische Aussage „Ich denke, wir müssen letztlich um, ähm – ja" (das Ja wie oben).

Was kann nach so einem Satz noch gesagt werden, was mit ihm nicht schon gesagt wäre? Das große Netzwerk kommt vor, in das wir geknüpft sind, ein Ziel im Auge zu haben wird angedeutet, und im Mittelpunkt steht der Sprechende. Dieses „ähm" ist sein großer Augenblick, seine Große Sekunde der Selbstdarstellung. Sie ist eine Ohrfeige wert. Bis zur Perfektion sind es schon noch ein paar Schritte. Dass irgendwas eine große Herausforderung ist, kann folgen. (Der Satz lautet: Das ist eine große Herausforderung.) Nein, das meine ich nicht. Ich meine, siegreich fortsetzen und beenden kann jetzt nur eine Drohung mit „Der, der, der ...!", in aufgerissene Augen genagelt und dem Hirn mitten ins Gesicht.

Hirntod – von daher, ämm –.

2006

Heute, vierzehn Jahre später, sind diese Untugenden immer noch lebendig. Oder gab es sie schon immer und ich war nur nicht allergisch? Andere sind dazugekommen. Beanstanden und Aufspießen bewirken gar nichts. Sind nicht in jeder Gesellschaft Abweichungen von der Vernunft gang und gäbe? Sie gehen auf, sie gehen unter... Und die Sprachen funktionieren. Sind in Jahrtausenden evolutionärer Wandlung entstanden, haben immer funktio-

niert und das wird so bleiben. Evolution ist Prozess, sie ist kein Zustand. Das gilt auch für Demokratie. Demokratie ist Prozess. Der gehorcht nicht der Logik. Er hat seine eigene Dynamik. Nützlich kann ein gut bedachtes, vorsichtiges Steuern demokratischen Willens sein. Ins Kraut schießende Demokratie, unter dem Einfluss selbstgefälliger Demagogen, führt ins Chaos. Äm und äh nicht.
Und: Demokratie zum Ziel erklären ist Unfug.

2020

Über Wörter

Im Alltag gehen wir unachtsam mit Worten um. Achtsame halten uns auf und vom Leben ab. Leben ist Erlebnis. Eigenes oder fremdes. Wohlfühlreisen, Romane …
Sprache erlaubt Taschenspielereien, schon wahr. Erlebnisse täuschen nicht. Worte können das.
Sprache kann so lange verwässert werden, bis sie leer ist. Wenn das gut gemacht wird, sättigen leermanipulierte Sätze so gut wie Sätze mit einer Aussage. Darin gibt es pfiffige Könner.
Gut wenn zwei auf einer gemeinsamen Schulbank gesessen haben. Dein Wort klingt wie meins, wie sich Spatzen ähneln. Identisch sind sie nicht.
Wir **sehen** in Worten. Züge unter Drähten, Menschen in Sprechchören … Die Welt ist erst durch Wort Welt; tatsächlich wüssten wir ohne Worte nichts und würden auch leben. Nun haben wir das Wort, wir wissen, was es benennt, in Worten; das besprechen wir. Jeder an jedem vorbei; und das bisschen, das ich verstehen kann, ist – Wort. Gedachtes, oder gesagtes, so oder so, es sind nur Wörter.
Wie klein wir sind, ohne Verständnis. Und wie klein wir bleiben, wenn wir stark im Glauben sind. Gläubige Körnchen im Sand, jedes drängt nach Bedeutung, nach Unverwechselbarkeit … es keimt, und weiß der Teufel, was da keimt. Und lese ich's, dann buchstabiert das Fremde, das in mir ist, das Fremde … und wenn ich plane oder genieße, in dir mich sehe, vor der Auslage eines Obststandes mich sehe, da ist mir, als wäre mir alles gleich,

das Nichtmehrsein ist rufend wie das Sein, von dem ich nichts weiß, als ICH BIN. Ein Wind von Stimmen, Bewegungen, Kundgebungen und Aufrufen … da bleibe ich Körnchen im Sand, etwas beleuchtet mich, dessen Wärme mich erwärmte, wenn sie wahr wäre. Sie ist Wort, mein Wort, mein Stammeln, mein Sehnen. Ist das wahr? Ich weiß nicht, was du bist. Du bist, und ich weiß es nicht. Bist du Du? Bist du mehr als ein Wort?
Worte machen die Welt unwirklich und lügnerisch, sie muss doch mehr sein. Ein großzügiges Futterfeld? Mit wiederkäuenden Affenartigen? Jeder auf dem Weg zur Selbstfindung? Modern fremdgesteuert, bebürdet mit Pflichten, Vernachlässigungen, verworrenen Vorstellungen von „wichtig" und „unaufschiebbar"? Die einen streben pfeilgenau anderen entgegen, heben sich auf … es strebt und gegenstrebt. Was machst du hier? In der Ecke, in die du dich zurückziehen willst, sitzt schon einer, überraschend bist du das, ebenso überrascht es dich, dass du die Anderen bist, dass alle wollen, was keiner erklärt: Sein. Ohne Ahnung, was. Jeder ein leerer Erfüller. Wie großartig wir sind durch das leere Wort. Ich komme wieder zu mir. So geht's, wenn ich mich aus den Augen lasse. Aufsichtspflicht vernachlässige, Freiheit missbrauche. Sei nun wieder vernünftig! Was hast du denn da geschrieben! Ich? Ich soll was geschrieben haben? Gesetzt den Fall, das war ich, wo war Ich denn da?

2019

Über Sprache

Wollte ich das mit dem Text hiervor sagen: Sprache lügt? Aber nein!
Durch sie vor allem sind wir doch erst gesellschaftliche Wesen, die der Wildnis trotzen. Und der intellektuellen Finsternis. Wie trotzt man gemeinsam? Man redet miteinander. Und redet, und redet – miteinander und *durch*einander.
Das scheint mein Lieblingsthema zu sein.
Nein, Sprache lügt nicht. Sprache, allerdings, macht Lügen möglich. Das ist **eine** ihrer Eigenheiten. Die andere ist: Sprache ist unscharf, ist nur Näherung an das zu Sagende. Jeder von uns hat seine eigene innere Sprache, die für den kommunikativen Verkehr ganz und gar ungeeignet ist. Sie ist

nicht verbal, vielleicht in manchen Fällen doch, ihre Elemente sind Bilder, Muster, Figuren, Interjektionen, unspezifische Emotionalien … ohne Logik oder Unlogik, spontan oder assoziiert. So mögen auch im Pavian, in der Krähe, im Schwein äußere und innere Ereignisse inwendig abgebildet werden. Wir haben keinen angemessenen Begriff von „Bewusstsein", und es ist nicht zu erwarten, dass wir jemals die Frage „Was ist Bewusstsein" beantworten können. Traum, Triebauslösung und „Bewusstsein" im Tier liegen mit Sicherheit mehr oder weniger verwandt dicht oder weniger dicht nebeneinander (in Abhängigkeit von der Entwicklungsstufe des betrachteten Tieres, versteht sich).
Wenn ich diese innere, nichtverbale – „Sprache" Autisch nenne, so weiß jetzt jeder, was Autisch bedeutet. Und er wird, wie der Autor auch, für sehr wahrscheinlich halten, dass es so viele autische „Idiome" gibt wie Individuen mit einem Großhirn.
Meine Teilnahme an der Welt, die ja sprachbestimmt ist, ist die Folge unentwegten „Übersetzens" von Autisch in Verkehrssprache. Mit dem unübersetzten Autisch bliebe ich Tier. Demnach: Was mich vom Tier unterscheidet, ist: Ich bin befähigt, Autisch in **verbale**, kommunikative Sprache zu übersetzen, sofort, wenn es sein muss. Allerdings nur angenähert, ungenau, dafür aber mitteilungsfähig.
Auf autisch lese ich einen Wald, eine Siedlung, einen Zug aus Güstrow, Bernauer Straßenpflaster … alles, alles, alles.
Autisch ist unübersetzbar wie jede Sprache. Ich umgehe die Unübersetzbarkeit, wie jeder andere Übersetzer auch, durch Näherung, Plausibilität, Aspekt und Geschmack. Und was ich dann lese, ist bereits Außenwelt, mit einem Hauch Fremdheit. Das Zurückübersetzen in Autisch führt zu gewollten Bildern, die kaum noch Gemeinsames mit dem Original haben. Ihnen fehlt das Typische, die Spontaneität.

Schönheit im Sinne von Vollkommenheit ist unserer menschlichen Sprache drittes Merkmal. Vierjährig horchte ich am Radio auf fremde Sprachen, während die Erwachsenen am Tisch über Gott und die Welt redeten. Es war Krieg und Tante Martchens Sohn war gefallen. Ich lauschte dem Zauber unverstandener Sprachen und las immer wieder „Hilversum" auf dem beleuchteten Skalenfeld.
Hätte ich doch meine spätere Idee, Sprachen in ihrer Schönheit zu doku-

mentieren, rechtzeitig in Angriff genommen. Meine Mittel hätten es möglich gemacht, bescheiden anzufangen. Jung und enthusiastisch genug war ich.
Sprechen ist wohl die höchste Form unmittelbaren menschlichen Bewirkens. Sprachen sind schön durch ihre Vollkommenheit, schön wie alles, was keiner gewollten Vervollkommnung bedarf. Lyrik, philosophische Prosa, Bitten, Mutter und Kind … gesprochen von vorbildlichen Sprechern … ich hätte sogar Sorbisch und US-Amerikanisch darin aufgenommen. Als „Alle Sprachen der Welt“ wäre mein Werk um die Welt gegangen wie Brehms „Illustriertes Tierleben“. Völkerfreundschaft wäre keine Utopie geblieben. Mein zweites Werk wäre die Sammlung *gesungener* Sprachen in den Gebirgen geworden.
Ohne die ständigen Begleiter Hätte und Wäre, wer weiß, wie weit ich es noch gebracht hätte.

2020

So ist das

Unsere Mutter wurde unsere Mutter, danach konnte sie nichts Bedeutendes mehr erwarten. Das war so. Unser Vater wurde unser Vater, war Beamter, war im Krieg Soldat, wurde nicht erschossen und ist erst nach dem Krieg am Krieg gestorben. Unsere Mutter ist nicht am Krieg gestorben, hat uns großgezogen und musste auch sterben. Eine Ärztin kannte ich, die sagte immer „So ist das“ und starb auch. Ein Halunke war hier heimisch, war um nichts bemüht und lebt. An dem geht der Tod vorbei zu anderen, die ihn nicht so nötig hätten. In einem meiner Gedichte fällt Eva an mir vorbei. Heute verletzt mich solche Einseitigkeit nicht mehr, es gibt Erfreulicheres, aber dahintergekommen, wie ich es erkennen kann, bin ich nie. Auf eine gewisse Weise fallen wir ja alle und gehen vorbei, wie alles vorbeigeht.

2019

Keine ganze Biographie 1

1961 oder 1962 fuhr ich mit dem Motorroller, meine Mutter (Mutti) auf dem Rücksitz, nach Löcknitz. Siebzehn oder achtzehn Jahre waren vergangen, seit wir Löcknitz verlassen hatten. Sie mit meinem Bruder Achim und mir. In Löcknitz bin ich eingeschult worden. Mit viel Gram. Der Schulweg war vielleicht dreihundert Meter lang. Mutti rief mich zurück, dann weinten wir, dann ging ich wieder los, Mutti rief mich zurück und wir weinten. Achim, älter als ich, war schon längst da. Ich war Muttis Letzter. Die Zeit bis jetzt hatte ich auf ihrem Schoß verbracht. Achim, später, sagte so: Da saß ja immer Jürgen schon.
Ich war der Geringste in der Klasse. Der Kleinste, der Jüngste und – aus Berlin. 1943 waren Fremde in Löcknitz noch nicht bekannt. Wir waren „Evakuierte", ordentlich notiert, aber eben Fremde. Löcknitz ist ein Dorf mit kleinstädtischem Charakter.
Weil ich aus Berlin war, war ich nicht nur der Geringste, ich war auch der Prügelknabe in der Klasse. Jede Gruppe hat ein bestimmtes Potential an Häme, Schadenfreude, öffentlicher Wirksamkeit. In die Schulmappe steckten sie mir allerhand Schweinereien und sangen Schmid, Schmid, Schmid, mit der Gum-mi-titt.
Ob ich gelitten habe? Ich hatte ja einen Freund: Peter Zahn. Peter war klein wie ich, wohnte im Schwarzen Weg und half mir nie. Aber er war mein Freund. Er war, wie ich, einer der Geringgeachteten. War das unsere Freundschaft? Nein, durch „dick und dünn" sind wir nicht gegangen, wir waren nur öfter zusammen als mit anderen.
Unsere Lehrerin, wir hatten nur die eine, hat mich gehasst. Die Prügelstrafe war erlaubt. Und sie prügelte mich.
Ich kenne mich Damaligen nicht mehr sehr gut. Sicher ist, ich war ohne Bosheit und lernte und machte meine Hausaufgaben wie alle. Auch sie ist mir nicht sehr gut in Erinnerung geblieben. Sie muss ältlich gewesen sein, drahtig, aber ob dreißig oder sechzig, könnte ich nicht sagen. Sie trug einen Dutt, war glühender Nazi und vermutlich vernachlässigt. Ich hasste sie zurück. Wie man mit sechs Jahren eben hasst. Ungeschickt hasst. Dafür gab es Prügel. Das ging so:
Im Klassenzimmer stand ein Bock aus Holz, so einer, auf dem man Boote ablegt, der immer auch für andere stützende oder anhebende Aufgaben ge-

eignet ist. Über diesen Bock hatte man sich kniend zu beugen, die Hände reichten kaum zum Boden, mit runtergelassenen Hosen, den nackten Hintern zur Klasse – wir waren Jungen und Mädchen. Geprügelt wurde mit einer Gerte, kann sein, mit dem sprichwörtlichen Rohrstock. Ob Fräulein von Bredikow eine gute Prüglerin war, weiß ich nicht mehr. Ich hatte als Kind doch nicht die Begriffe des Erwachsenen. Sie prügelte mich. Exekutionen an anderen? Keine Erinnerung.
Später, lange nach Kriegsende, hat sich in meinem Kopf befestigt, sie sei von Leuten auf der Straße erschlagen worden. Mein Gerechtigkeitsgefühl hat diese Genugtuung gebraucht.

Die Randow fließt an Löcknitz vorbei. Dann durch eine Brücke, dann durch Löcknitz. An dieser Brücke hielt regelmäßig, kann sein täglich, der Pferdewagen mit dem Brotmann. Ich ging oft, Brot bei ihm zu kaufen. Keine zweihundert Meter weit. Woher er kam, ob er Löcknitzer war – keine Erinnerung. Gegen Kriegsende kamen immer öfter Züge mit Soldaten durch Löcknitz. Mutti sagte, arme junge Bengels, die nichts vom Leben gehabt haben und an der Front sterben werden. Sie waren laut, leichtsinnig, lustig – der Zug wartete vor runtergeklapptem Signal.
Mutti war mit uns am Bahndamm, und sie lachten und winkten und hatten Sehnsüchte. Mutti war Ende dreißig, hübsch, mütterlich mit zwei Jungen – Mutti war schön. Und die mütterlichste Mutter, die ich kenne.
So gings 1944 nach Osten. Auf Schiene und Straße. Hier waren es vor allem Panzer mit aller notwendigen Begleitung: Gulaschkanone, Feldbäckerei, Werkstattwagen mit Schmiede und Soldaten, Soldaten, Soldaten …
Sie blieben zur Nacht, buken Brot, lärmten … und wir Kinder wurden von einem zum andern gereicht, buken selbst. Kerniges „Kommissbrot“, hart, säuerlich und ohne Schmeichelei.

Da, wo die Randow erstmal an Löcknitz vorbeifließt, hatten wir eine Badestelle, die Schütt. Der Weg zur Schütt ging durch den alten Kirchhof. Auch hier spielten wir oft, erledigten auch unser Geschäft. In Marthas Haufen wimmelten weiße Maden, die begutachteten wir wissend, jeder kannte das von sich. Jetzt war es eben Martha.
Alle hatten zu Haus ländliche Abtritte: Sitzbrett mit kreisrundem Ausschnitt über einem Jauchekübel und einer Ausräumöffnung. Wir mussten

über den Hof, um den herum Getreidespeicher standen, durch eins der Gebäude durch (Durchfahrt mit Kopfsteinpflaster), dahinter, noch im Gebäude, war das – nun ja, das Scheißhaus. Das hieß eben so. Wer anders dazu gesagt hätte – nein, so wird es falsch. Es gab kein Austauschwort. So wenig wie für Kirche oder Randow. Mutti, in ganz Löcknitz wohl die Einzige, die Klo sagte, verbot uns das gebräuchliche Wort.

Hinter dem Durchgang, wieder im Hellen, mussten wir noch an Ställen vorbei und an einem giftigen weißen Hahn.

In der Enge da unten, vor der Ausräumöffnung, lauerten wir, in lautlosem Drängen nach dem besten Platz … Reine Kinderei, unschuldig und derb.

Alle Erinnerungen an Löcknitz sind sommerlich. Wir müssen doch mindestens einen Winter da verbracht haben. Merkwürdig –. Und zweitens: Alles war schön. Das ist ebenso sonderbar. Es gab doch viel Bedrückendes. Das hat unsere Mutter absorbiert. Wir, Achim und ich, waren glückliche Kinder, sogar unter Beschuss. Später davon.

Wir waren also ordnungsgemäß evakuierte Berliner und hatten natürlich Anspruch auf angemessenen Wohnraum. Das Zimmer, das Onkel Herrmann uns gegeben hatte, war vielleicht zwei mal drei Meter groß. Bett und Ofen, mehr war nicht drin. Haben wir alle drei in dem einen Bett geschlafen, hatte mein Bruder eine Liege? Die müssten wir abends unter dem Bett vorgeholt haben. Weiß ich nicht mehr.

Nach dem Onkel selbst war es die Behörde, bei der Mutti sich beklagte. Den schicken wir ins Konzertlager. Das wollte sie auch wieder nicht. Da blieb es, wie es war.

Onkel Herrmann, einer der Reichsten im Kreis Pasewalk, hat nicht viel Freude verteilt. Desto härtere Kopfnüsse. Er schlug kaltblütig. Beim Mittagessen Martha das Gesicht in den Teller mit Brühe.

Nur Mittagessen war gemeinsame Mahlzeit.

Uschi, Mariannes und Marthas Schwester, spielte in unserem Leben eine sehr kleine Rolle. Zweijährig und Bettnässer, lebte sie in einem Zimmer, in dem es stank. Außer ihrem Bett gab es in diesem Zimmer nichts. Marianne aber stand da und sang klingelingeling die Post ist da, klingelingeling nach Afrika.

Marianne war in Achims Alter. Näher stand mir Martha. Sie war in meiner Klasse und lehrte mich, mit großen, zeilenfüllenden Buchstaben zu schreiben, damit eine ganze Seite vollzuschreiben keine schwere Arbeit wird.

Überhaupt war Martha herzlich mit mir. Wir hatten, ich weiß nicht was, aber wir hatten was Gemeinsames.

Als ich dann wieder in Löcknitz war, sechzehn Jahre später, mit meiner Mutter, entdeckte ich, dass Löcknitz, ganz Löcknitz, mir vertrauter war, als ich erwartet hatte. Da muss ich doch ganz schön umtriebig gewesen sein. Mit Achim? Mit Peter Zahn? Mit Martha?
Löcknitz hatte zugelegt. Das Neue kannte ich natürlich nicht. Aber da war die See-Badeanstalt, in der Achim unserer staunenden Mutti zeigte, dass er schwamm. Die tausendjährige Eiche, das Stadion, der Bahnhof, der Güterbahnhof, auf dessen Gleisen damals an die zehn stillgesetzte Lokomotiven rosteten. Eine hinter der anderen. Auch stand nicht mehr dieses Förderband, einachsig, an dem wir das Wippen an Förderbändern erfanden. Wir mussten hochspringen, uns dranhängen und geschickt wegspringen, ehe der sinkende Teil unten aufkrachte. Achim hat sich dabei ein tiefes nichtblutendes Loch im Knie eingehandelt. Wie wir da reingekuckt haben!
Ja, und das Stadion, in dem ich nie was erlebt habe. Das zu Aufzügen benutzt wurde, an Feiertagen sicherlich, von HJ und Pimpfen. Wir waren da nicht bei. Und doch war es mir sehr bekannt. Auch sowas Bemerkenswertes. Und das Gebäude mit dem kleinen Saal war noch da, in dem die Kinder von Löcknitz ihre Weihnachtsfeiern hatten. Da gab es auch eine kleine Bescherung. Jeder bekam was. Ich nicht. Durch Irrtum. Ich muss sehr geweint haben. Mutti reklamierte. Da kriegte ich doch noch was.
Seit jenem Ereignis ging öfter was schief in meinem Leben: Verwechslungen, Vergessungen, abhandengekommene Dokumente … immer war ein kleines Pech hinter mir her. Bis ich so zwei-, dreiundzwanzig war. Ist auch denkbar, ich redete mir das nur ein und anderen geht es in dem Alter ebenso. Jedenfalls hatte ich diese fröhlich-misstrauische Idee, und ich habe nicht ein bisschen gelitten.

In manchen Nächten standen wir auf dem Bunker. Was das war, der Bunker? Eine Grube unter Holzbalken, darauf Erde. Berlin brannte und der Himmel war rot.

Ein paarmal waren wir in Berlin. Mutti hatte ihre Mutter da, Oma, die ich später sehr geliebt habe. Oma sagte, ich bleib hier. Was soll mir schon passieren! Bring dich und die Kinder in Sicherheit. Später, nach dem Krieg, als wir wieder in Berlin wohnten, in unserer Wohnung, die wir gelegentlich besucht hatten und in der noch eine Zeit lang andere Leute wohnten, Untermieter, hat Oma mir viel aus der Zeit 1942–1945 erzählt. Viel Grausiges. Na, ein bisschen Kriegsberlin hatten wir ja selbst noch erlebt, vor Löcknitz. Von Löcknitz nach Berlin mussten wir zunächst nach Stettin oder nach Pasewalk. Von hier gab es dann einen D-Zug, immer zum Stettiner Bahnhof. Wir dreckten ein, meine vollgekackten Hosen warf Mutti aus dem Fenster, und Schienen und Räder heulten in dieser charakteristischen Resonanzfrequenz, ich hielt mir die Ohren zu.

In Löcknitz waren wir Evakuierte. Dann, von der Behörde in Löcknitz zum Fliehen aufgefordert, waren wir Flüchtlinge. Wie unsere Mutter uns zusammengehalten hat, wie sie bei dem zunehmenden Durcheinander die richtigen Züge rausgefunden hat. Sie konnte es mir nie so erklären, dass sie als große Organisatorin erschienen wäre. Aber sie war eine. Magdeburg, Halle, Nordhausen ... Schlafen in Unterführungen auf Bahnhöfen, Fahrten auf offenen Güterwagen ... einer dieser Güterzüge, mit dem wir gerade fuhren, wurde von Flugzeugen beschossen und brannte aus. Wir, im Wald dann, dicht dabei, waren gerade so davongekommen und kuckten.

Tote? Sicher! Schreien, Laufen, Sammeln ... nur weg! Leben! Am Leben bleiben! Das Leben unter solchen Bedingungen wird einfach. Angst? Mutti muss sehr viel Angst gehabt haben. Um uns Kinder vor allem, um sich, um ihre Mutter – um ihren Mann (unseren Vater), irgendwo „in Russland“ –.

Angst – die Angst des Erwachsenen gründet auf Erfahrung. Die Angst des Kindes wird erst durch jenen bewirkt. Die Bilder, die diese Angst speisen, bestimmt der. Wo er das Richtige tut, oder so tut, als ob, vertraut das Kind ihm, wie ein Haustier. Die Begriffe für das, was wirklich droht, gewinnt es wachsend.

Wir haben, viel später, zu Haus, oft und oft über all das geredet. Da war schon vieles vergessen. Vieles hatte schon andere Merkmale angenommen. Also redeten wir schon nicht mehr über das Erlebte, sondern darüber, wie wir das Erlebte erinnerten. Das geht nicht anders und ist, nebenbei gesagt, die Ursache für die vielen unterschiedlichen Darstellungen von Ereignissen, die dann in ihrer Gesamtheit „Geschichte“ heißen.

In Magdeburg ging ein Pullover verloren, in Halle meine Emailletasse mit

Mickymäusen … Mutti hatte inzwischen Verbindung mit Silvia und deren Mann Alfred. Die waren in Langelsheim gelandet. Kommt doch her!

Bei Nordhausen liegt auf einem Berg die Schnabelsburg. Auf dem Weg dahin kommt man am Konzentrationslager vorbei. Für uns war es einfach ein Lager. Mit Gefangenen. Was waren denn die Menschen um uns herum: Soldaten und Nichtsoldaten, Fangende und Gefangene, Suchende und Bescheidwissende. Ich glaube, die Liste ist vollständig. Mutti wird mehr gewusst haben. Hatte ja „Konzertlager" nicht vergessen. Wir passierten das Lager, Häftlinge sahen auf uns, wir auf sie –.

Über Nacht, vielleicht einige Tage, blieben wir auf der Schnabelsburg. Achim und ich spielten draußen. Und einmal ein Knall, dröhnendes Pfeifen … Wir sind auf den Hintern gefallen. Ich lüge nicht. Die Leute da, die wussten Bescheid: V2! Aber so ein Lärm auch! Wir hatten schön gespielt, Dämme gebaut im Kloakenwasser – das wird gestunken haben. Was wussten wir schon vom Stinken. Wir stanken ja wohl selbst.

Keine ganze Biographie 2

Langelsheim, Nordwestharz. Bis Goslar acht Kilometer. Wir fanden ein Zimmer. Im Nebenhaus wohnten Silvia und Alfred. Kinderlos.

Das war ab Mitte 44. Da gingen wir auch bald zur Schule. Einklassenschule mit einem Lehrer. Das war vermutlich kein Lehrer, sein Amt hieß so (alles in allem waren wohl alle Leute in Ämtern Ersatzleute). Der also machte sich die Arbeit nicht schwer. Wir legten die Hände vor uns auf den Tisch und Lehrer Schulz ging durch die Gänge und schlug mit einem Stock hier und da auf Finger. Nicht so, dass die Finger brachen, aber auch nicht so, dass wir dabei lächeln konnten. Was lernten wir darüber hinaus? Katechismus. Ein religiöser Gott, der Lehrer Schulz. Nun – das alles war verdrießlich, aber nicht wirklich schlimm. Wir blieben ja ganz.

Zu den Kindern unserer Straße hatten wir natürlichen Kontakt. Zunächst hatten wir bei den Schlachten gegen die von der Mühle mitzumachen. Da gabs keinen Zwang oder Aufnahmeritus. Wir wohnten hier, das genügte. Außerdem machte das ja auch Spaß.

Unter Kindern ist keins außerhalb. Es gibt keine Isolation eines Einzelnen,

sofern sie nicht von Erwachsenen durchgesetzt wird. Der Geprügelte, der Gehänselte, der Verächtliche, sie sind – nicht gleichberechtigt, unter Kindern gibt es Gleichberechtigung nicht. Sie sind da. Dadurch gehören sie dazu. Ich sage damit nicht, ihr Leben sei leicht. Ich sage, dass Kinder unter Kindern immer am gesellschaftlichen Leben beteiligt sind. Und jederzeit kann die gegenwärtige Funktion des Einzelnen in der Gruppe morgen eine andere sein (unter Voraussetzungen natürlich), weil das Geschichtsbewusstsein des Kindes kurz- und mittelzeitlich, nicht langzeitlich orientiert ist. Anders unter Erwachsenen: Die können andere aus der Gemeinschaft wirklich ausschließen. Ich meine nicht wegjagen. Ich meine das Isolieren von Menschen in einer Gruppe von der Gruppe.
Kinder unter Kindern leben menschlicher als Erwachsene unter Erwachsenen.

Einer in der Straße ragte heraus. Werner Knoke. Er war in Achims Alter, gebrauchte in einer Prügelei gern das Messer und war sehr von sich eingenommen. Und auf eine giftige Weise flink. Wir Kleineren standen daneben, wenn die beiden aneinandergeraten waren. Folgenschweres ist nicht passiert. Sie waren ja erst zehn.
Nach dem Ende des Krieges wurde es Mode, auf der Innerste und auf unserer kleineren Grane mit selbstgebauten Booten oder Flößen zu fahren. Dazu wurden Staudämme errichtet. Kinder errichteten Staudämme in den Flüssen und veränderten das Leben aller. Das war keine Kinderdiktatur, nein. Kinder sind auch Leute, die Vorstellungen vom Leben haben, wie die anderen auch nur. Naturgemäß wurden diese Dämme von anderen eingerissen, auch von den Großen, aber – worüber ich gar nicht reden wollte und was ich so deutlich noch nie ausgearbeitet habe: In jenem Langelsheim waren Kinder und Erwachsene auf eine Weise gleich, wie sie mir später nie wieder begegnet ist.
Heute sondern wir die Kinder auf seltsame Weise aus der Gesellschaft aus, indem wir immer mehr Sonderzuwendung für sie erfinden, immer mehr Sonderschutz – als wäre die Gesellschaft nicht in ihrer Gesamtheit fragil, schutzbedürftig und schützenswert. Wir denken gruppenbezogen, über das Gesamte fehlt uns der Blick.
Diese Diskriminierung – sie ist gutgemeint, aber ein Zeichen von Hilflosigkeit und Schwäche. In der Angst, irgendetwas zu vertun (Kriegsfolge,

Nachkriegstrauma), wird alles in einen Topf geworfen: Kinder, Schwule, Juden, Jäger, Schauspieler ... alle müssen hervorgehoben geschützt werden. Da stimmt nichts mehr. Übergüte ist keine Tugend, sondern Liederlichkeit.

Langelsheim – dicht dabei ist ein kleines Kalkgebirge. Keine siebzig Meter hoch. Der Karnstein. Steilhang zur Innerste und auf der Rückseite sanft abfallend bis zur Vermischung mit dem übrigen Harz.
Der Karnstein war unser bevorzugter Spielort. Ein Hohlweg führte da herab: die Arschkarre.
Wir hatten einen Hinterreifen von einem Trecker, in dem konnten wir uns zusammenkauern. Wer sich traute, rollte die ganze Arschkarre runter, über die Straße, bis zur Innerste. Ich stand daneben, Achim hats gemacht, Werner Knoke auch.
Nach dem Krieg – aber wie ging der denn zu Ende? In Langelsheim war nie Krieg gewesen. Das ist die Antwort. Also gab es auch kein „Kriegsende", sondern einen „Zusammenbruch". Über den waren die Leute bekümmert. Verblüfft waren sie, ja, aber dass der Krieg zu Ende war, löste kaum Freude aus. Vielleicht sind Langelsheimer Söhne und Väter im Krieg verkommen, die werden schon beweint worden sein, später. Ob aber mit – Einsicht? Von meinem Anliegen abschweifend erwähne ich, dass „Zusammenbruch" statt „Kriegsende" noch in den fünfziger Jahren gebräuchlich war. Auch in Berlin.
Nach dem Krieg also bauten wir unsere Flöße, setzten Land unter Wasser – ah ja, steht ja schon da. Wir halfen bei Plünderungen von Büros, Fabriken und einem Kinder-Landverschickungslager.
Davon hatten wir einen gewissen Gewinn. Einen Pulli davon habe ich bis 1948 getragen. Bis August 1945 mussten Berliner wieder in Berlin sein. Das wussten wir irgendwoher. Im Juni 45 war Deutschland bereits geteilt, die Grenze markiert und – leider, leider – von sowjetischen Posten härter versperrt als von Engländern, Franzosen oder Amerikanern. Das sollte so, oder sinngemäß so, die Verhältnisse an den Grenzen haben sich ja später geändert, bleiben, bis 1989 die letzte Okzidentalisationsphase begann, der Anfang eines langen, schleimigen Abhandenkommens von Vertrauen bei sehr viel sozialem Engagement, bezahltem (!).
Nun, in Walkenried passierten wir die westöstliche Grenze, das ging nicht leicht.

Achim war in einem Alter, in dem sich Kinder selbst die Erlaubnis erteilen, Mütter zu kritisieren, die an einem Flüsschen Pfefferminze sammeln. „Da hinten schießen sie, und du sammelst Pfefferminze." Sie schossen, aber auf andere. Am Schlagbaum dann war er es allerdings, der des jungen Russen Herz weichredete, dass dem nichts blieb, als sich mit einem ihn selbst erleichternden „Los riba!" froh zu machen. In der Ostzone angekommen, weinten wir alle drei. Wir waren zu Hause.
In Langelsheim hatten wir aber noch Sachen, um die es unserer Mutter leidtat. Wir also über die „Grüne Grenze" wieder in den Westen. Diesmal bei Helmstedt. Es war noch Nacht, als – nein, so: Wir hatten den ganzen Tag versucht zu erfahren, wo denn überhaupt die Grenze sei. Mutti fragte das einen vorbeikommenden russischen Offizier mit Fahrrad.
Ach du arglose Mutter! Er hat sie nicht erschlagen mit dem Fahrrad. Aber als Droh- und Wutgebärde das Fahrrad über dem Kopf – das war schon was. Oh Gott, war der wütend. Vielleicht haben Achim und ich unserer Mutter das Leben gerettet, einfach dadurch, dass wir – Kinder waren.
Wie hatte sie – woher nahm sie die Kraft und die Findigkeit, die sicheren Wege, die passenden Züge zu finden, zwei Kinder festzuhalten und auch noch Gepäck zu transportieren. Sicher, Achim und ich, wir hatten natürlich jeder unseren Rucksack und sowas. Für Schwereres hatten wir einen Kinderwagen. Den und das Gepäck trug unsere Mutter, an jeder Hand ein Kind, nachts, auf dunklen Wegen, und jedes Geräusch konnte den Tod bedeuten, über die Grüne Grenze in den Westen. Um zwei, drei Uhr hatte sie erfolgreich einen Führer ausfindig gemacht, dessen Gruppe noch nicht vollzählig, aber doch groß genug war, dass ein gutes Geschäft zu machen, und noch nicht so groß, dass der Erfolg gefährdet war wegen zu vieler Atmender, zu vieler anderer unvermeidlicher Geräusche. Diesen Führer überredete unsere Mutter, dieser seinerseits überredete den Führer einer anderen Gruppe – was rede ich da! Sie haben sich einfach abgesprochen: Du wartest. Ich geh zuerst. Du zehn Minuten später.
Fünf Minuten nach unserem Aufbruch hörten wir da, wo wir hergekommen waren, Schüsse, Schreie ...
In Langelsheim, in der Granestraße, hielten wir uns dann nicht mehr lange auf.
Unsere Wirtsleute hießen übrigens Oppermann, hatten Frau Oppermanns sehr alte Mutter bei sich, die unter ihren langen Röcken (fünf?) im Stehen

urinierte, im Hof, und das war ganz in Ordnung, hatten, wie alle, ihr Päckchen zu tragen und eine Ziege, von deren Milch wir abbekamen, wenn es sich traf, und von deren Butter auch für uns übrig war, wenn wir beim Buttern die Zentrifuge gedreht hatten.
In Göttingen dann lebten wir ein paar Tage in Nissenhütten. Wie wir nach Berlin gekommen sind, weiß ich nicht mehr. Unsere Mutter reiste noch zweimal nach Langelsheim. Vier Grenzpassagen. Eine davon unterm Güterwagen, einmal wurde sie gefangen gesetzt und immer wieder verhört. Diese Reisen – Mutti holte nur zusammen, was unser Besitz war. So reiste man: immer in Erfüllung einer Pflicht. Fast schön im Vergleich mit heutigem Rinder- – nicht doch! Reisewahnsinn!
Und später, wie oft haben wir uns das alles wieder und wieder erzählt. Und wo gelacht werden musste, haben wir gelacht.

2003

Identität im Standby

Stanisław Lems und Umberto Ecos Essays machen mich klug. Ich erfahre, wie unwissend ich bin. Ich kann nichts erfragen, sie sind ja tot. Ob ich's täte, wenn sie es nicht wären? Eher nicht, hab's ja beizeiten auch nicht getan. Ich lese Erwägungen, Annahmen, Bedingungen, Folgerungen und überraschende Schlüsse, die ich verstehen könnte, wenn ich das Verständnis hätte, das ich nicht habe. Am Ende bin ich der, der ich war. Habe aber zugenommen. An Unwissen.
Entfernt ähnlich geht es mir allerdings mit eigenen Texten auch.
Ich lese sie, einige Zeit später, unzufrieden und mit Missbehagen. Manches müsste ich ändern, besser bedenken, umschreiben, wegwerfen … da gibt's Fragen. Ich frage also. Aber ich bin der, der ich **jetzt** bin, nicht der Seinerzeitige. Wenn ich Jetziger das Geschriebene bezweifle und antaste, dann werde ich Morgiger es mit neuen Einwänden wieder tun und immer weiter so, ich verlöre Ziel, Zeit und Vertrauen.
Was ich Ich nenne, ist natürlich ungenau. Was ich gestern war, weiß ich nur noch in groben Zügen. Ich kann keinen ganzen Tag rekonstruieren, schon den gestrigen nicht mehr. Was ich vor zehn Jahren war, weiß ich ohne

Fotos oder Erzähltes, ohne von mir Geschriebenes, Gemaltes oder Gebautes eigentlich nur, weil ich fantasievoll mich Seinerzeitigen – erdenke; durch Wahrscheinlichkeiten und Plausibilitäten ersteht immer wieder das Wunder meiner Identität. Das seinerzeitige Sein lag ungewusst unterhalb des Bewusstseins in dichtem Bodennebel und wird erst durch Kuppen, Grate und Zacken und daran koppelbare Assoziationen erinnert. Ein Baum, eine Apotheke, eine verjährte Rechnung, dein Bild von damals ... mit einem Wort: Erst durch „Andenken" bin ich mir erinnerbar und *ICH*.
Das Aufwachen nach dem Tiefschlaf ist das Nichtmehrohnmächtigsein nach einer identitätslosen Ohnmacht. Was ist es, das mich meine Identität wiederfinden lässt? Wo war sie? Sie war im Standby. Was hat sie reaktiviert? Spontanes oder durch äußere Umstände assoziiertes Autisch.
Lem oder Eco würden sagen: Sieh an, großes Thema, in trivialisierender Sprache umnebelt und jedem Verständnis unzugänglich gemacht. Warum kommen Sie damit zu mir?

2017

Über Synchronizität

Ein neues Schlagwort: Synchronizität.
Einige Leute beweisen mit Synchronizität die Existenz Gottes.
Eines sehr personengebundenen Gottes allerdings, an den wiederum keiner so recht glauben kann. Da geht es drunter und drüber, mit verdrehten Augen, der Beweis wird bewiesen. Wenn man genau hinsieht: Gewusst wird gar nichts, bewiesen alles.
Wenn es nicht manisch ist, so ist es doch krankhaft.
Der Mensch ist vor allem Erfinder. Ohne Kenntnis der Ursache einer Wirkung ist er unfroh. Er will die Erklärung! Wo er keine findet, findet er eine.
Hätte er zu all dem, was er um sich herum nicht verstand, wie wir Heutigen gleich von Anfang an „Natur" gesagt und dazu das richtige Gebet gefunden (das: Natur, die du mich umgibst, von deren Reichtum ich mich ernähre, aus der wir geboren sind und in die wir wieder eingehen, ich liebe dich. Dich bete ich an.), wäre ihm manche grausame Erfahrung mit seinen Erfindun-

gen erspart geblieben. Nun – nicht so sehr mit seinen Erfindungen, sondern wegen seiner Erfindungen. Aber – er wusste ja sein Nichtverstehen nicht. Er reagierte auf die Erscheinungen der Natur, wie wir Heutigen auch nur. Er hatte keine Kenntnis davon, dass er die Natur nicht versteht. Sein Verständnis waren Götter mit menschlichen Tugenden und Fehlern. Unser Verständnis sind Konstrukte und Annahmen, die Dinge „an sich" verstehen wir nicht, nur ihre Beziehungen zueinander, in einigen Fällen.
Er bevölkerte also die Natur mit Göttern, und dann war er da, der vollständige Götterapparat.
Pyramidal sortiert wie die menschliche Gesellschaft.
Vom paradiesischen Glück, das ja Glück durch Nichtwissen* war, hatten die Menschen sich entfernt, hatten jetzt aber, mit Hilfe ihrer Götter, den Durchblick. Im Frieden mit ihnen, im Streit mit ihnen … die Welt war verstehbar. Eine sehr lange Zeit ging es gut. Die Welt war so klein, wie der Blick reichte. In dem Maß, wie die Menschen zahlreicher wurden, wurde die Welt größer, und sie siedelten in immer weiteren Weiten. Bis sie einander aus den Augen verloren.
Spätere Wiederbegegnungen waren wie Begegnungen von Fremden. Die Bräuche waren andere geworden, die Sprachen ebenso, und die Mythologien waren nicht kompatibel.
Groß war die Welt geworden. Völker über Völker. Die regionalen Götterapparate waren den immer zahlreicheren Aufgaben nicht mehr gewachsen. Gegeneinander leben wurde üblich. Miteinander leben brüchig und seltener. Das Erfinden *eines* Gottes an Stelle aller anderen war der große Wurf. Und gleich usurpierten einige mit dem Anspruch, Gottes Wort zu deuten, gesellschaftliche Macht, beliebig übertragbar und beliebig erweiterbar. Mit List, mit Charme, mit Glöckchenläuten und grausamer Gewalt.
Heute ist Gott für die meisten von uns nur ein Wort. Er ist mit unserem Wissen nicht mehr vereinbar. Die allgemeine Schulpflicht war der Beginn seiner weltweiten Verflüchtigung. Geblieben sind gewaltige Machtapparate. Überholt, aber überheblich festhaltend am frechen Anspruch, Gottes Mandat zu haben. Des mosaischen die einen, eines morgenländischen die anderen, eines christlichen die Dritten … Gott geht. Ersatzlos. Das ist das Schlimme. Wir sehen es ja.
Es schreibt und schreibt, wo ist denn mein Thema? Ah!
Was ist Synchronizität? Was will sie, was kann sie?

„Schöner Zufall" hätte es auch gemacht. Da freut man sich einfach. So ein Zufall aber auch. Aber nein, es muss Synchronizität heißen. Zwischen leeren Schlagwörtern (Herausforderung, sag ich mal, Umweltverschmutzung, konzertieren, innovativ, da sind wir alle gefordert, wir sind auf einem guten Weg und sowas) sind Nischen, die noch leerer sind. In einer hat sich „Synchronizität" festgesetzt. Die riecht noch wie neu und wird sogleich missbraucht. Missbraucher sind immer zuerst da. Wie Fliegen.
Sie predigen in den Medien, rempeln, fordern auf, weisen nach … nichts Geringeres als „Gott existiert doch!", und stehen im Weg. Und stiften Verwirrung.
Präparatoren.
Sie stopfen aus. Ausstopfen macht nicht lebendig. Wenn der Ausstopfer das behauptet – aber nein, macht er ja nicht. Er überlässt das Behaupten den Passivisten. Der ungeheuren Masse der Mitmacher.
In deren Ebenen sind die Ohren spitz, Glaubenssehnsüchte angenehm befriedigt und die Mäuler stehen nicht still.
Passivisten … Ballast, ohne den ein Schiff allerdings einfach umkippt. Große Masse – immer im Kielraum, immer im Dunkel. Kritisch, querköpfig, lärmend …
Synchronizitäten sind andererseits gut zu erzählen. Wie diese hier:
Vor ein paar Jahren war ich mal Hörer-Teilnehmer einer Gesprächsrunde im Radio. Über künstliche Intelligenz. Das ist ein weites Gebiet. Ich schrieb mir den Titel eines Buches auf, das gegen Ende der Sendung zur Vertiefung empfohlen wurde. Und ging in den folgenden Tagen auf die Suche. In diese Buchhandlung, in jene, das Buch war vergriffen. Ich suchte weiter. Vergebens.
Eines Tages war ich in der Friedrichstraße und Unter den Linden, da fiel mir „Kunstsalon" ein. Ich war lange nicht drin, vielleicht gibt's ne schöne Musikkonserve, vielleicht 'n schönes Buch … geh mal rein.
Irgendwas hab ich gekauft. Ich gehe zur Kasse, das heißt, ich stelle mich ans Ende der kleinen Schlange – da liegt ein Taschenbuch auf der Taschenablage. Das gesuchte.
„Das hat jemand vergessen, sehen Sie mal."
„Das? – Das haben wir gar nicht im Sortiment."
„Dann – nehm ich's an mich?"

„– Ja – tun Sie das. Geben Sie mir Ihren Namen und so, falls jemand fragt – ach Gott, so ein Wertgegenstand ist es ja nicht.“
Das ist Synchronizität.

Jemand steht in einem Wald, versunken in Anbetung eines würdigen Baums. Er glaubt sich allein. Wir sind nie allein.
Also noch ein jemand. Der schießt aus Jux Pfeile in den Wind. Und er hat, um den Finder eines Pfeils zu verstören, auf jeden geschrieben „Du, der du da stehst“.
Und der da steht, findet, überrascht und verwundert, die an ihn gerichtete Botschaft: Du, der du da stehst.
Die Augen gehen ihm über und er geht hin und erzählt es allen Menschen.

2002

* *„Aber vom Baum der Erkenntnis sollst Du **nicht** essen!“ Glück durch Nichtwissen, die Schlüsselidee in der Genesis. Welche Weisheit! Das gegenwärtige Streben der Völker rings um den Globus besteht darin, Wissen zu mehren, „Fortschritt“ zu beschleunigen und Wachstum zu fördern.*
Glück und Wissen sind Antagonisten.

Die Welt erschaffen

Wenn es einen Gott gäbe –
Ein reizender Ansatz zu einer Kette von Ideen.
Was wäre dieses „Gott“?
Auf den ersten Blick könnte ich sagen: Ein guter, bedachtsamer Fachmann war er nicht.
Waren WIR nötig? Wir morden. – Um unseres **Vorteils** willen bringen wir einander um. Hat er diesen Trieb „eingebaut“? Dann ist er ein niederträchtiger Teufel. Hat er ihn – übersehen?
Ich würde gern für „Gott“ ein anderes Wort finden, nur welches? „Gott“ assoziiert Missbrauch, Willkür, blutiges Missionieren und Herrschaftsallüren. Das alles verdient er ja nicht.
Ja welches?

Ich spiele mal durch, dass „Gott“ die Welt erschafft. Erschafft in dem Sinn, dass, wo nichts war, jetzt etwas ist.
„Gott“ erschafft also die Welt. Woraus? Aus Leere. „Gott“ ist aber Gott und nicht „Nichts“. Woraus also besteht „Gott“? Wir merken schon: Uns Gott so vorzustellen, ist absurd.
Oder: „Gott“ findet eine Welt vor, die vor ihm schon da war. Oder eben in diesem Augenblick entsteht die „Welt“ und Gott mit ihr. Oder es gibt sie schon immer. Warum nicht? Das Universum hat kein Alter, da sind unsere Worte „ewig“ oder „Beginn“ doch sowieso leeres Stroh. „Ewig“ zu verstehen sind unsere Hirne nicht geeignet. Ein Anfang, und zwar zu allem, was es gibt, ist uns plausibel. Da liegt es nahe, auch einen Anfang der „Welt“ anzunehmen und an dem zu forschen.
Also Gott. Gott als Tüftler und Bastler liegt unserem Verständnis von ihm am nächsten. Er will eine Welt herstellen. Und er tut es. Aber immerhin aus etwas, das vor ihm schon da war. Von allen Träumereien ist das noch die verstehbarste. Alle Mythologien sehen die Erschaffung der Welt mit diesem Blick. Lies nach. Er macht aus dem sinnlos Unüberschaubaren etwas Vernünftiges. Wenn jetzt noch „Erschaffen“ durch „Ordnen“ ersetzt wird und „Gott“ durch „ewige, sich selbst gehorchende Materie“, dann haben wir ein plausibles Weltbild.
Aber „Gott“ hat auch was Liebenswertes.
Er zerlegt, was er da um sich herum sieht, in Einzelteile, kleine und kleinste, und legt sie sich zurecht. Es sind viele. Vielleicht an die zehn hoch achtzig Stück.
Und eben gerade, er ist damit kaum fertig, wischt Schweiß aus den Augen, da prozessieren sie schon miteinander, da sind sie schon auf und davon. Von weitem kann er gerade noch sehen, was er noch nie gesehen hat: Felder, Polaritäten, Verwirbelungen, Verklumpungen, Drehungen, Umkreisungen …
Was viel später **daraus** geworden ist – Glocken, Bibliotheken, Asseln, höhere Säuger, Feldzüge, Gottesdienste … das weiß er nicht. Überbau, zufällig und vergänglich wie Rauch im Wind. Hier herrschen Gesetzmäßigkeiten, die sich einstellen, wenn die Zeit gekommen ist.
Er weiß es nicht. Aber dass da etwas entsteht und möglicherweise schon entstanden ist … er müsste überall zugleich sein. Das schon Entstandene gehorcht nur noch sich selbst, am noch Entstehenden muss er mitwirken, eingreifen … er hatte doch einen Plan. Ordnung, Harmonie, ewige Dauer …

es ist seine erste Weltschöpfung, und sie ist, das ahnt er schon – missraten. Anfängerfehler. Das Beste draus machen … leicht gesagt. Die Teilchen, die so schön zurechtgelegt waren, er hat nicht alle geprüft. Es waren zu viele. Waren schädliche dabei? Giftige? Instabile? Um Schlimmeres, als jetzt schon passiert ist, zu verhüten, muss er das Versäumte nachholen.
Und Gott spräche:
„*Soo* viel Krempel – war ich denn blöd? Das wächst mir über den Kopf. Mir bleibt nichts als weitermachen … wägen, sortieren … am meisten Mühe machen mir die vielen Bilanzen. Ein nicht rechtzeitig nihiliertes virtuelles Teilchen, oh Gott, was man mit solchen Erfindungen später für Ärger hat, da hab ich mir was eingebrockt, und keiner weiß, was daraus werden kann. Wenn alles zusammenstürzt in die – Singularität, auch so ein Wort – das wäre schlimm. Daraus ließe sich allerdings noch was machen. Wenn daraus aber eine große Suppe wird, nur noch diese – Photonen oder wie die heißen, dann – steh mir – Gott bei, dann – habe – ich – nichts – mehr – zu – tun."
Von Ihm unbeachtet sind diese späten Verdichtungen entstanden, wir wissen schon, Rauch im Wind, und (Mutationen, Mutationen, Mutationen …) WIR. Wir sind nicht genügsam, wie man es von jedem anderen Tier erwarten dürfte. Wir können ohne Erklärung der Dinge und Vorgänge nicht leben. *Aller* Dinge und *aller* Vorgänge. Nichtverstehbares beunruhigt uns und wir versuchen, seit es uns gibt, zu verstehen, was wir nicht verstehen. Alles, von dem wir sagen: „Ich weiß …", unser „Wissen" ist Hypothese.
Wir haben nach Gott gespäht. Von dem wir nichts wussten als das Wort. Haben das Beste von ihm erhofft und losgelebt. Zuversichtlich und leichtfertig in einer Welt, die wir nie verstanden haben. Und was das Beste ist, wissen wir schon gar nicht.

2002

Rauch im Wind?

Den schick ich nicht in die Schule. Da lernt er nichts Richtiges, er muss selbst draufkommen.
Und schickt ihn in die Wüste.
Aber das wird doch nichts!, wollen die meisten rufen. Das wird nichts,

Herr! Er wird alles falsch machen. Er wird die falschen Pflanzen essen und Krämpfe kriegen, seine Frau kann ihm nicht helfen, sie kennt die Kräuter ja nicht – Herr! Er hat ja keine Frau!, wollen sie rufen – Herr! Der Herr sieht sich um. Alles ist gut. Es regnet, wenn es regnen soll, die Sonne geht auf, geht unter, wie er sich das gedacht hat, aber der da – He! He du da!
Der da hat nichts gelernt, versteht nur wenig. Sowas versteht er, hats oft genug gehört, noch auf der Baustelle: He, dreh dich mal um, ja so, gut – und jetzt lächle! Ja, das meine ich. Geh jetzt mal ein paar Schritte, tuts weh? Ja? Dann mach ich noch ein Knorpelchen rein. Hier, so, versuch noch mal, gut?

Verstanden hat er. Gesprochen? Nein, gesprochen hat er nie, hatte ja nichts zu sagen. Ah ja, doch! Einmal gab ihm der Herr die Gelegenheit, was zu sagen, oder eher die erwartete Antwort zu sagen. Sie war – „Ja". Alle antworteten ja mit Ja.
Auf den Ruf „He du da" hatte er nur die: Ja?
Komm mal her!
Die begleitende Handbewegung kennt er. Er kehrt um.
Der Herr mustert ihn, geht um ihn herum …

- Wie fühlst du dich?
- Ja, Herr.
- Quatsch. Antworte auf meine Frage! Wie geht's dir!
- Ich (– woher kommt ihm denn das?). – Ich –.
- Na, ich merke schon … sprich mir mal nach: Ich fühle mich wohl, Herr. Sprich!
- Ich fühle mich wohl, Herr.
- Gut! Wenn's stimmt. Und jetzt sage: Du hast mich gerufen, Herr. Na los!
- Du hast mich gerufen, Herr.
- Warum wohl! Sprich!
- Ja, Herr – ich, Herr –.
- Na?
- Ich, Herr – ich war schon auf dem Weg, Herr, auf dem Weg in die Wüste, Herr, wie Du mich geheißen hast, und ich sah eine unermessliche Einsamkeit, Herr, und ich hatte niemanden neben mir und ich fühlte, Herr, ich fühlte: Ich weiß nichts, ich kenne nichts, kann Richtig

von Falsch nicht unterscheiden, wer lindert meine Krämpfe, Du hast ja auch – warum aber? – Giftiges erschaffen.

Die Wüste, Herr, und ich – wohin? In mir, Herr, ist kein Begehren, kein Wunsch, kein Beruf ... was soll ich tun, Herr, was ist – meine – Pflicht?

– Du bist schon einer, ich habs geahnt. Und wie du sprichst! Wer hat dich gelehrt, in Sätzen zu sprechen? In Worten, die nicht mal ich kenne!

Komm weiter weg. – Sag mir unter vier Augen, es muss ja nicht jeder hören, was wir besprechen – nein, sag es nicht, hör einfach zu. Jetzt, Adam, nachdem ich dich gemacht habe, die Krönung meines Tuns – diese Leere, in der es, unter uns, nicht auszuhalten war, die ich füllen musste mit ETWAS, damit es eine WELT werde, verstehst du – jetzt habe ich nichts Wichtiges mehr zu tun. Grässlich.

Ich bin klug genug zu ahnen, was kommen wird. Sie reden schon hinter meinem Rücken, sind meiner Herrschaft müde, Adam, kannst du begreifen, was das bedeutet? Für mich? Für dich? Für die WELT? Sie streben nach Fraktionierung, nach Bezirken, nach Parteien und Behörden ... der Schlimmste von allen ist – nein! DER Name kommt mir nicht über die Lippen! Ach Adam! Ich hatte niemanden, den ICH fragen konnte. Es ist wahr: ICH hatte kein Modell für die Welt, die ich schaffen musste, die ICH geschaffen habe, und weiß Gott, die mir in Einzelheiten so wenig gefällt wie dir.

Ich bin allein, Adam, wenn du gehst.

– Herr, Du hast es so befohlen und ich gehorche. Du hast mich erschaffen, wie ich bin, und ich merke: Ich habe eine Seele. DAS bin ich, und ich kann nicht anders, ich muss auch meiner Seele gehorchen.

Sie ist, Herr, Dein Werk. Es muss wohl gut sein, wie es ist, denn es ist DEIN Werk. Ich werde einsam sein. Du sprichst vom Alleinsein, vom Unnotwendigwerden, Du weißt vieles. Mir ist es unbekannt, mir sind es Worte, nur Worte. Ich muss jetzt los, Herr, es wird dunkel und ich kenne keinen Weg.

– Warte! – Nimm das da mit. Nimm es mit.

– Was ist das?

– Eine Gefährtin.

– Kann sie sprechen?

– Lehre du es sie.

- Und wenn sie spricht, Herr, was wird sie sagen?
- Sie wird es dir sagen.
- Was werden wir tun in der Einsamkeit, ohne Dich?
- Werdet Freunde, liebt einander. Versucht, einander zu lieben. Ihr müsst es versuchen. Freundlich, als Freunde! Und liebend, in Liebe! Eins wird nicht sein ohne das andere, das ist MEIN Wille.
  Du wirst erfahren, was auch ich erst lernen musste: Mit allem Neuen entstehen auch neue Gesetze. So wird es mit der Liebe sein, mit der Freundschaft … mit allem, was es nicht gab, dann aber gibt. Sei vorsichtig beim Erfinden, aber sei noch vorsichtiger bei allem Planen, denke immer an das, was ich dir über mich mitgeteilt habe. Ich vertraue dir.
  Komm her, Mädel!
  Sprich mit ihr, Adam!

*

- Du siehst gut aus.
- Du auch, Adam.
- Wie heißt du?
- Ich werde heißen, wie du mich nennst. Gib mir einen Namen, Adam.
- Ich nenne dich Eva, das ist Leben. In dir und durch dich will ich sein, du mein Geschenk. Eva – ich will versuchen, dich zu lieben. Vielleicht – liebe ich dich schon? Ist das Liebe?
- (sieht erfreut auf ihn) Oh Adam, ja! Liebe mich, liebe mich! Jetzt!
- (der Herr:) Nein! Nicht hier! Tut es in den Wüsten, in den sonnigen Auen der Flüsse … liebet einander in den Nächten, nach der Arbeit, die schwer sein wird. Ihr braucht ja Dächer, Zimmer, Lampen, Herde und Nahrung, Nahrung, Nahrung. Tut es, Kinder, und geht. Ihr seid jetzt frei.
- Komm, Eva.
- Ich komme, Adam.

*

- (A und E synchron:) Wir lieben Dich, Herr!
  Sei mit uns, wo wir auch seien.
- Geht in Frieden. Ich, der HERR werde bei euch sein in den Weiten der WELT, die auch ich eines Tages erfahren werde – (zu sich) oh

Gott, Tränen … (und wendet sich ab) geht! Geht!

– (A und E synchron:) Wir Menschheit, oh Herr, wir umarmen Dich, unseren Vater. Und Freund?
– Zweifelt nicht an mir! Zweifelt nie an mir! Ja, Freund auf immer!

*

– Es wird Abend, Eva.
– Ja, Adam. Es wird Abend und die Grillen zirpen.
– Grillen? In der Wüste?
– Vielleicht irre ich mich.
– Wir dürfen uns nicht irren.
– Adam?
– Eva?
– Sieh mich an!
– Ich sehe dich an, Eva. Ich liebe dich, sieh nur!
– Ich sehe es, oh Adam. Ich liebe dich. Komm!
– Dass es doch ewig so bliebe, Eva.
– Bis in alle Ewigkeit, Adam.

*

– Dass wir es nie missbrauchen, Eva.
– Dass wir es ja nie missbrauchen, Adam. Ich bin schwanger.
– Eva, Liebste! Das Zweite!

*

– Sie rufen nach dir, Eva. Wo bist du!
– Wo bist du, Adam, der du mich so fragst!
– Ich schneide die Hecke, kann nicht weg hier.
– Die Hecke? Ist die jetzt wichtig?

*

– Wo warst du, als es hier brannte!
– Ich war im Krieg.

- Ja, im Krieg. Hast Glück gehabt. Und der Krieg, musste der sein?
- Befehl ist Befehl, jetzt aber wird alles anders. Wir bauen eine neue Zukunft. Ohne Krieg. – Und jetzt ein Bier … bringst du mir eins?
- (bringt das Bier) Hier! Suffkopp.
- Komm her!
- Jetzt? Hier?
- Komm schon, hab dich nicht so.

*

Liebe? Mechanik! Selbstbehauptung! Frauen heiraten Frauen, Männer Männer … Wo bist du, Adam? Und du, Eva, wo bist du?
- Ah, das ist Eva. Eva, wie geht es dir?
- Ich fühle mich wohl.

Und da ist auch Adam. Adam, was machst du so?
- Ich fühle mich wohl.

Ach ihr!

*

- Es fing doch erst an, Vater.
- Ach, Sohnemann! Zu spät für einen zweiten Versuch.

*

Adam: Schöne Scheiße.
Eva: WAS ist aus uns geworden!
- Ich hab von IHM geträumt.
- Träume sollen ja wahr werden.
- Er hats anders gemeint, ganz am Anfang.
- Gemeint, gemeint! Gekonnt hat er's nicht.
- Kann man so sagen. Ist nicht allmächtig. – Mächtig? Kann sein. Aber machtlos.
- Wo mag er jetzt sein. Im Himmel ist kein Platz mehr. Am Rand irgendwo?
- Am Rand des Himmels – gut gesagt, Eva. War fast immer gut,

was du gesagt hast, Eva.
– Und wir?
– Ach! Wir!

2017

Als Traum war es gut

Sag mal, Jesus, mein Kind, wie soll ich das verstehen.
Nur dieser Satz ist übrig. Träume werden sehr schnell vergessen. Aber dieser Satz geht mir noch beim Zähneputzen durch den Kopf. Jesus, mein Kind, wie soll ich das verstehen.
Der Gefragte sagte aber ungefähr das: Ich geh mal, Vater, es ist schon so lange her, ich hab's fast vergessen. Und kam zurück und sagte: Ich erkenne es kaum wieder, da war einer dran. Warst du das, Vater?
Denn es hatten Regen, Fröste, mancherlei Bewegungen der Erdkruste, Schimmel, Rost, Pocken, Überschwemmungen, Mutationen, Ängste und Erfindungen wie die des Schießpulvers und des schnellen Essens im Stehen Veränderungen bewirkt. Nicht nur, dass diese erdfarbene Zufriedenheit weg war (die hatte sich so ergeben, damals, aus bildhauerischem Ungeschick eher als aus Notwendigkeit), es hatten die Vorderseiten der Köpfe jetzt etwas Borniertes, und sie plapperten über nicht Wichtiges und kamen aus Banken oder schnellen Universitäten und waren bekleidet, kurz: Sie waren nicht mehr erfreulich und liebten einander nicht.
Soll ich alles glatt machen?
Nicht doch! Lass es, wie es ist. Es gibt Wichtigeres.
Und es zuckten Blitze aus der Wirrnis da unten. Und es breitete sich ein großer Rauchpilz aus. Und es geschah, dass Vater und Sohn in ihrem Antlitz erstarrten. Und der Sohn sprach abermals: Ich mach's glatt, Vater.
Und Gott sprach: Als Traum war es gut. Es war auch gut, als es schon Skulptur war. Es nahm sich auch noch gut aus auf kleiner Bühne. Mein Fehler ist groß. Warum musste ich versuchen, mich mit *seinem* Hirn selbst zu übertreffen! Was soll ich jetzt tun? Mein Gott, was soll ich tun?

2003

Hör mal, Sohnemann

- Hast du mal einen Augenblick Zeit?
- Alle Zeit der Welt.
- Ist dir was aufgefallen?
- Ha! Wenn du wüsstest.
- Tu nicht so wissend. Ist dir das aufgefallen, von dem ich hoffe, dass es dir auffalle?
- Eher nicht. Du beschäftigst dich mit deinem, ich mit meinem.
- Das sagst du oft genug. Aber sag mir jetzt mal in freundschaftlichem Ernst: Gibt es mich?
- Lass mich grübeln – natürlich! Natürlich gibt es dich.
- Natürlich?
- Natürlich.
- Oder – willst du sagen selbstverständlich?
- Hm, ich wollte sagen: Es liegt auf der Hand, dass es dich gibt.
- Ja, so würde ich auch antworten. Nur – wer weiß von mir außer dir und mir?
- Frag noch mal.
- Tja – lange vor dir, sehr lange vor dir ging es mir ziemlich dreckig. Ich hatte eine schwere Zeit. Ich würde es gern als – als „Krise der Lebensmitte" bezeichnen, wenn ich wüsste, wie alt ich bin. Und in dieser Krise hab ich so vor mich hin gebastelt. Du bist kein Erfinder, ich schon. Ich knete, biege, schmeiß alles hin, verfolge aber ein nebliges Ziel … was daraus wird, oje, Basteln ist ja auch Üben, verstehst du? Dann ist es da. Oft ist es nicht das Gewünschte. Wegwerfen wäre vergeuden, rückwärts basteln erlerne ich nie. Hörst du mir noch zu?
- Sprich nur, ich höre zu.
- Ja also – eines Tages kam mir das Zusammengebastelte wie ein gutes Ergebnis vor, da kam mir der Gedanke, dass dieses – Ergebnis zwar neu war, neuartig, noch nie dagewesen, dass ich aber nichts wirklich erfunden, dass ich Vorhandenes nur neu geordnet hatte. Verstehst du? Neues gabs ja immer schon vor mir, in einer Zeit, als es mich wohl noch nicht – oder nicht nur noch nicht, sondern überhaupt nicht gab. Ich bin Bastler, kein Schöpfer und kein Fachmann. Als Erfinder hatte ich – versagt.

– Es war doch gut, was du da gebastelt hattest.
– War es das? Das sagst du als Sohn. Und das ist auch wieder sowas.
– Du machst es dir schwer. Und was heißt „auch wieder sowas“? Ich fange an, dich nicht zu verstehen.
– Das glaube ich gern. Ich verstehe mich selbst kaum.
– Das geht vorbei. Weißt du, wo ich vorhin war?
– Weiß ich. Mich kriegen keine zehn Pferde dahin.
– Ich lass mich nicht sehen. Sie reden von dir. Allerdings – sie sind unsicher.
– Worin?
– Du musst wissen, dass du sie nicht mehr zählen könntest. Du könntest sie auch nicht mehr verstehen und vor allem: Sie wissen Sachen, von denen dir nicht einmal schwant.
– Wie das!
– Sie lernen. Aus dem Erlernten ziehen sie Schlüsse, und das Geschlussfolgerte erproben sie dann. In jedem Fall, ob der Schluss falsch war oder richtig, haben sie etwas erfahren, das ihr Wissen erweitert. Auf diese Weise, zum Beispiel, versuchen sie, dich zu – verstehen. Und dann, glauben sie, bist du einer von ihnen, der Beste von allen – dann, so glauben sie in ihrer Naivität, WISSEN sie dich, dann bist du nicht mehr Objekt ihres verzweifelten Glaubens. Du kannst dir nicht vorstellen, wie viel solcher Denkarbeit sich in ihren Büchern findet. Von Sehnsucht nach dir ist nicht die Rede. Du beschäftigst ihr Hirn. Nicht ihre Seele. Häufig bist du Objekt in einem „Gedankenexperiment“, das Ergebnis ist dann so etwas wie „Es gibt ihn“, andere kommen zu seinem Gegenteil; lümmelhaft und absurd.
– Sie sprechen wenigstens über uns.
– Sie haben Dienste eingerichtet, die in deinem Namen das Blaue vom Himmel versprechen. Sie haben in deinem Namen zahllose Unwillige umgebracht oder verstümmelt, haben Bauwerke errichtet, großartige Bauwerke, haben darin einschüchternden Bombast und ordnen an, dass und wie an dich geglaubt werden muss. Ihre Sprache ist primitiv geschraubt und suggestiv. In dieser Sprache „sprechen sie über uns“. Sie befehlen das Beten.
– Das ist widerlich und wirklich nicht vorstellbar. Aber die einfachen Leute suchen Trost in uns?

– Wir sind nicht mehr interessant. Keiner hat dich ja je erfahren. Nicht die Mächtigen und nicht die Gehorsamen. Du warst von Anfang an willkommen für Missbrauch und Spekulation. Vielleicht war das das Ziel derer, die dich erfunden haben. Vielleicht erfanden sie dich auch, weil sie nichts verstanden von dem, worin sie lebten. Und weil sie ohne zu verstehen nicht leben wollten, erfanden und behaupteten sie. Viele glauben dich. Das sind die, die du einfache Leute nennst. Aber Glaube, das versteht sich ja von selbst, wird leicht erschüttert. Sie glauben, du seiest gut, aber bei ihnen ist nichts gut. Sie glauben, du seiest gut, aber sie wissen nicht, was das ist: „gut". Die Schwätzer und Aufschneider werden stark, die aber, die im Glauben fest sein wollen, werden schwächer.
– Ich halte auch nicht viel vom Glauben allein. Wissen will ich. Aber ich weiß nicht mehr alles. Und sie laufen mir davon.
– Liegen sie dir sehr am Herzen?
– Das weiß ich nicht mehr.
– Sind sie dir gleichgültig?
– Auch das weiß ich nicht.
– Aber – wer bist du dann!
– Ich weiß nicht.
– Wer bin ICH?
– Frag sowas nicht.
– Nicht dein Sohn?
– Ich habe dich „gebastelt". Ich liebe dich wie einer, der sein Werk liebt, nein, ich will anders antworten. Mir ist aufgefallen, dass nichts existiert, ohne mit anderem in Wechselwirkung zu sein. Das verstehst du? Und mir ist also aufgefallen, dass etwas, das mit nichts wechselwirkt – nicht da ist. Etwas, das auf anderes nicht wirkt, ist für dieses Andere NICHT DA. So geht das in der Welt zu. So ist die Welt.
– Die du gemacht hast.
– Ich habe sie umgestaltet, aber GEMACHT hab ich sie nicht.
– Du stehst nicht über der Welt?
– Wie könnte ich!
– Sie nennen dich „HERR".
– Weil sie es nicht besser verstehen. Wie Haustiere – sagst du nicht selbst, sie sprechen immer seltener von mir?

– Ja – das geht auseinander. Einerseits werden sie gleichgültiger gegen dich, andererseits brauchen sie dich, wenn sie andere töten. Sie beten zu dir um Erfolg in ihren Kriegen. Und wieder andere haben dich aus den Augen verloren.
– Das macht mich zornig. Mich? Um Erfolg? Beim Töten? Ja richtig, du hast ja
– Sie kommen miteinander nicht zurecht. Sie führen Kriege gegeneinander. Seit es sie gibt.
– Ich schäme mich. Und ich war so zufrieden. – Ich hatte dich gerufen. Gibt es mich? – Ich finde keine Antwort.
– Das fragst Du *mich* – warum mich?
– Wen soll ich sonst fragen?
– Dich selbst?
– Ich frage mich. Gibt es mich? Das ist mir lächerlich. Ich bin der Einzige, der von mir weiß.
– Und ich!
– Wir! Wir wechselwirken miteinander. Nur wir. – also wir – Wenn es uns nicht gibt, ändert sich irgendwas?
– Geh zu ihnen. Du musst mit IHNEN wechselwirken. Oder – gehen wir beide.
– Sie würden lachen und uns erschlagen. Sie töten ja. Verschwinden wir.
– Du bist müde.
– Ich bin unnötig.
– Das warst du nie.
– Das war ich immer.
– Dein letztes Wort?
– Gehen wir.
– Wohin?
– Wir – lösen – uns – auf.
– Wir – lösen – uns – auf.
– Gehen ein in jedes Ding im Universum, in jede Bewegung ...
– Und keiner merkt uns.
– Keiner.

2020

Überdosen

- Herr Dencker, Sie haben geschrieben, die Menschheit habe eine Temperatur in der Nähe des Siedepunktes erreicht. Und sie werde zu einer Suppe zerkochen. Was wollen Sie damit sagen?
- Wie Sie sich erinnern, ist die Temperatur ein Maß für den Wärmezustand eines Körpers, einer Flüssigkeit oder eines Gases. Sie ist ein Maß für die mittlere kinetische Energie eines physikalischen Systems. In übertragenem Sinn sage ich, eine Gruppe von Studenten, die sich balgen, durcheinanderquatschen und dabei hin- und herlaufen, hat eine höhere Temperatur als dieselbe Gruppe, die aufmerksam einem Vortragenden lauscht. In diesem gleichen Sinn ist die Temperatur einer menschlichen Gesellschaft, mit Arbeitsteilung auf hohem Niveau und vom Demokratiegedanken durchtränkt, höher als die der ständisch geordneten Gesellschaft bis zum Ausgang unseres Mittelalters, das es übrigens prinzipiell in allen außereuropäischen Weltgegenden ebenso gab. Die allgemeine Schulpflicht einzuführen war mindestens leichtsinnig. Heutige Parlamente sind nicht mehr geeignete Organe, im Sinne elementarer gesellschaftlicher Forderungen geschlossen, oder wenigstens vorherrschend bestimmt, zu entscheiden. Jegliches wird zerredet, und in der Tat hat ja keine gesellschaftliche Erscheinung nur ein Gesicht und nur eine Bedeutung. Je mehr Parteien im Parlament, desto zerrissener ist das Parlament. Und je höher das Bildungsniveau, desto zerrissener sind die Parteien schon in sich. Die Folge ist, dass Parteiziele, die über den morgigen Tag hinausgehen, gar nicht mehr ins Auge gefasst werden. Allgemeine Schulpflicht – damals hätte ich mir auch nichts Schlimmes dabei gedacht. Heute frage ich mich: Muss die Menschheit wirklich immer klüger werden, immer fähiger, die Zeit bis zum total synthetisierten Menschen zu verkürzen? Durch zu viel Demokratie wird Demokratie pathologisch.
Die weltweite Entscheidung, bis zum sicheren Ende den unersättlichen Profithunger des Kapitals zu befriedigen, ist die Folge der mit viel Werbung für Bildung erzeugten Sehnsucht, gebildet zu sein. Bildung beschleunigt gesellschaftlichen Verfall, technologischen Fortschritt, ungezügelten Ersatz menschlichen Tuns durch robotoide Verdrängung des Menschen … Der Werbung für mehr Bildung folgt die Werbung

für ein Genussleben als **Verbraucher**. Unsere Hauptpflicht ist nun Verbrauchen. Und es konnte nicht ausbleiben, und ist ja auch nicht ausgeblieben, dass der **Mensch** gekauft und verbraucht wird wie eben jede andere Ware auch. Liebe, Vertrauen, Glaubwürdigkeit, Treue … alles nur Waren, wenn sich ihre Vermarktung lohnt. Was in den Naturwissenschaften vielleicht nie erreicht werden wird, nämlich jede natürliche Erscheinung mit Hilfe einer einzigen Maßeinheit zu bewerten, der moderne Kapitalismus **hat** es erreicht: Da jegliches den Charakter einer Ware annehmen kann oder schon Ware ist, gibt es die gemeinsame Maßeinheit Marktwert. Selbst zu Ware geworden (freiwillig!), **kaufen** wir Waren, sind Teil eines riesigen Perpetuum mobile, eines nahrhaften Riesenpilzes aus Gehorsam, Ehrgeiz, Existenzangst und bewunderndem Nachahmungsenthusiasmus. Die besoffensten Feste unserer Geschichte feierten wir aus Freude, verlässlich nachwachsendes Nahrungsmittel für einige Zehntausend Industriekriminelle zu werden. Alkohol oder die wirksameren Drogen Überredung und leere Versprechen waren ja zu allen Zeiten wohlfeil. Da sind wir nicht nur Ware, da sind wir Zugpferd, das aber auch argwöhnisch auf die Nachbarpferde kuckt und horcht, ob die, was sie tun und sagen, auch mit der empfohlenen Dosis an Gemeinplätzen tun oder sagen oder unterlassen … Nie war der Nachmacher gesellschaftlich so bedeutend wie heute.

Und zweitens: Das Idol „Demokratie" zieht nach sich, dass in den Ebenen der Lenkung und Verwaltung Fachwissen in zunehmendem Maß durch Parteizugehörigkeit verdrängt wird. Einige Staaten verstehen sich als Rechtsstaaten. Recht allerdings versteckt sich hinter einer undurchdringlichen Wand aus Verordnungen, Durchführungsbestimmungen, Vollmachts- und Vertretungsklauseln, Datenschutzrichtlinien … eine Behörde ist ein Organismus mit hochentwickelter Eigendynamik. Ihre Hauptaufgabe sieht sie in der Pflege ihres Innenlebens; ihrer Funktionsfähigkeit, glaubt der außerhalb der Behörde Lebende. Aktualität, Gültigkeit sind in einer Behörde Zustände von nur wenigen Millisekunden Dauer. Ein hochentwickeltes Immunsystem garantiert indes ewiges Leben. Belegpflichten und Formularzwänge werden überarbeitet und in ihrer alten Fassung ungültig, willkommen sind neue und immer neue Datenschutzrichtlinien, kurz: Zwischen einer Straftat und der fälligen Ohrfeige liegt eine so lange Zeit, dass der Täter schon vergessen hat, warum er geohrfeigt wird, wenn er geohrfeigt wird. Beweise sind verlorengegangen. Richter haben gewechselt, zur Urteilsfindung notwendige Gesetze sind durch genauere ersetzt worden … wenn die Urteilsverkündigungsverzögerung (die Wörter werden länger, die Aussagen fraglicher; lange Scheusale können durch Schrumpfung therapiert werden – im gegenwärtigen Deutschland eine widerliche Manie –, dieses hier zu UVV), wenn also die UVV einen bestimmten Wert übersteigt, muss der zu Verurteilende auf freien Fuß gesetzt werden. Da steht der Rechtsstaat da. Diese Prozessverlangsamung, PV, befällt übrigens früher oder später alle behördlichen Aktivitäten. Ich bin abgeschweift.

– Herr Dencker, mir dröhnt der Kopf. Was Sie da sagen – das sind doch alles vermeidbare Erscheinungen. Höhere Bildung erweitert automatisch den Horizont. Hohe Bildung ist gut, ein hohes Ziel und – erstrebenswert.

– Ja sicher, nur – kein Mensch gleicht dem anderen. Die Tierart Mensch hat seit der Beherrschung der Sprache wissensdurstig nach Wissenszuwachs gestrebt. Sprache führt zu verstärkender Rückkopplung (in modernem Laiendeutsch „positives Feedback"). Das war so lange keine Krankheit, wie Gemeinschaften keine großflächigen, oder wie heute, globalen Schäden verursachen konnten. Jetzt sind Wissenshunger und Wissensmissbrauch global wirksam, pathologisch und tödlich. Denn „Wissen" ist stets nur Halbwissen und alles mit diesem „Wissen" Erzeugte hat ungewollte und, oft genug, schleichende Nebenwirkungen. Maligner Tumor. Ich gebe uns nur noch wenige Hundert Jahre. Vor dem Exitus werden sich natürlich unbequeme Existenzbedingungen häufen.
Mit zunehmender Bildung nimmt die Menge der Auffassungen von nötig oder unnötig, von richtig oder falsch zu. Am Ende gibt es so viele Parteien wie Wähler. Wir ersticken an Bildung.

– Schulen schließen? Universitäten verkleinern?

– Das ist vielleicht zwanzig Sekunden lang ein guter Gedanke. Dann werden schon die Folgen erkennbar. Sofort bildet sich ein Mob, gebildet oder nur durch Bildung gesteuert; es gibt immer Schichten, die schnell den Kampf übernehmen, dann fließt Blut zwischen Bauch und Hirn oder, wenn sie das besser verstehen, aus Bäuchen und Hirnen. Irgendetwas Neues wird entstehen; wohin dieses Gemetzel führen mag, da fehlt uns jede Vorstellung.

- Suppe?
- Blutfarben.
- Mir scheint jetzt auch, wir werden trotz Klugheit zu Suppe und verdampfen.
- Und verdampfen? Nnnnein. Nur sieden bis zur Konturlosigkeit. – Klugheit? Wo denn!!! Es müsste – hhm – was schlussfolgern **Sie**!
- Wir müssen die Suppe auslöffeln, Herr Dencker.
- Autokannibalismus, Sie sagen es. Sagen wir AuK. Als AuK tut es vielleicht nicht so weh.

  Übrigens – wenn mir mal so ist, dann schaffe ich ein Bildungsdosierungsministerium (BdM). Mein Durchblick macht es mir leicht, mich selbst zum Minister zu empfehlen. Wenn es dann nicht schon zu spät ist.

2019

Stableuchte mit Zündholz

Zwei Euro, das ist billig. Eine bemerkenswerte Geschäftsidee.
Funktioniert natürlich nur so lange, wie es Gräber gibt. Anonymes Entsorgen ist jetzt modern. Der nächste Schritt wird sein:

- Wollen Sie Ihre Mutter verbrennen lassen? Wollen Sie eine Erdbestattung? Oder wollen Sie eine anonyme Bestattung? Ihre Blumen stellen Sie in einem Rondell auf – das kostet dann – Urne, Abschiedsandacht …
- Urne muss nicht sein. Machen Sie mit der Asche, was Sie wollen.
- Das kostet dann …

Und Friedhöfe werden endlich Bauland.

2019

Wieder die Russen

Nach dem Sturm war die Welt eine andere. Auf der Kreuzung Bruno-Gärtner-Promenade/Laubstraße standen die Stiftskirche der Johanniter und die evangelische Kirche Peter und Paul ineinandergeschoben und turmlos, einer der Türme versperrte den Eingang zur Badeanstalt, und das Flüsschen Rege, das sie gespeist hatte, plätscherte neben dem Bahndamm durch den Bahnhof, der jetzt in einer Senke lag, und machte um die Badeanstalt einen Bogen. Leute fanden ihr Haus nicht und Bäcker Behrend erzählte noch nach Jahren, dass er nur spiralig zu seinen Backöfen fahren konnte, wo früher eine gestreckte Straße zu ihnen führte. Das Stadtinnere hatte sich im Uhrzeigersinn strudelartig um sich selbst gedreht, und das will keiner gemerkt haben? Tote beklagte zunächst niemand, alle suchten ihre Häuser, ihre Autos, ihre Apotheke. Ich notierte auf die Schnelle das hier und ging, Kowalskyi zu suchen. Der saß verblödet auf einem Karton mit Papieren, den kannte ich. Wer kann denn jetzt noch lesen, fragte er mechanisch, ich mach Schluss.

Die nackte Muttergottes lag im Wald, wer an ihr vorbeiging, schlug das Kreuz. Einige hielten sie für eine zu Stein erschrockene Schwester des Stadtbordells und wieder andere waren sicher, das waren die Russen, die machen sowas.

Die Stadt würde in Zukunft eine Geschichte haben, das war tröstlich, aber wer hatte die Jungfrau Maria entkleidet? Wo war wieder mal die Wahrheit? Kowalskyi hat nicht Schluss gemacht. Manchmal besuche ich ihn in der psychiatrischen Klinik und wir lachen. Er über seine Verblödung und ich über sein Lachen.

Kowalskyi lachte noch, als es mich schon nicht mehr gab, mit wem denn jetzt?

2019

Inforadiovonerbébé

Der DAX befindet sich leicht im Plus, die deutsche Wirtschaft boomt nicht wie im Vorjahr, Experten sehen für die nächsten Monate einen leichten Aufschwung, der Deutsche fährt in den Fernsehpausen gern zum Shoppen nach Sri Lanka, Brandenburger Schüler demonstrieren für den Klimawandel, Pardon, für mehr Klimawandel, Pardon, für den Ausstieg aus dem – Clémentine, was denn nun, sie demonstrieren für, ja, was denn! Wiesenburg oder Wünsdorf, wo waren denn die minus drei Grad, ah, Manschnow plus ein Grad. Das kann schon mal passieren.

Schaum. Widerlicher Schaum.

Und Prenzlau? Da kann ich lange warten. Genthin, Dahme, Calau … Aus Zufallswürfen soll ich mir ein meteorologisches Bild von der Welt machen? Soll ich ja gar nicht! Das sind nicht Zufallswürfe, da steckt was Höheres dahinter. Bedürfnis nach informativen Backpfeifen wecken, mich verwirren, Schaum! Die Bucht ist keine Bucht, unseren Korrespondenten für was am Rande passiert hören Sie in zwanzig Minuten gleich nach den Nachrichten, drei mal drei ist sechs, nein, das ist falsch angekommen, richtig ist zwölf, unser Korrespondent in Peterswerder ist da falsch informiert worden alte Wahrheiten müssen auf den Prüfstand die Welt wandelt sich wir halten Sie auf dem Laufenden das ist unser Auftrag und jetzt die Nachrichten.

Und keiner merkt was?

Nein, das habe ich in der Zeit des versuchten Sozialismus nicht kennengelernt. Dafür fehlte der Nährboden.

Es wird die Aufgabe erfüllt, mich zu manipulieren, Leergut in mich zu schütten, mich auf ein erstauntes Aha zu reduzieren, mich lenkbar zu machen in leichtem Partyton mit Hervorhebungen an falscher Stelle und anderen Sprechfehlern. Unterer Moderatismus eben.

Irre ich mich? Ist es Dummheit? Impertinentes Diktat oder Zug der Zeit, mit dem wir uns widerstandslos in die kapitalistische Hölle fahren lassen sollen?

2019

Ein Gespräch erfinden

– Ich kann mich irren, aber ich fühle mich unwohl.
– Das ist ja auch kein Wunder.
– Was!
– Du bist ja immer so.
– Also, du hast mir –.
– Halt mal! Wieso ich?
– Geht das schon wieder los?
– Na, ich lass mir doch von dir nicht –.
– DU von MIR! Du drehst langsam durch.
– Eine Maschine möchtich bauen, die dir immer aufs Maul haut.
– Das könnte dir so passen.
– Da! Geh DA lang!
– Was ist DA?
– Die Tür.
– Und?
– Geh durch!
– Das sagst du MIR?
– Wem denn sonst!
– Das ist – du bist –.
– Na?
– Das hättich wissen sollen.
– Bis hierher! Schalt ab.
– Meinst du, das reicht?
– Wir hörns uns mal an.
– *(sie hören sich das Gespräch an)*
– Sollen wir das so lassen?
– Ich weiß nicht so recht – irgendwie ist der Streit – nein! So reden die Leute nicht –.
– Hm – versuchen wirs noch mal?
– Besser wäre vielleicht – ach weißt du, wir druckens einfach mal aus. Gedruckt erscheint vielleicht ein neuer Aspekt.
– Tipp es ein!
– Wieso ich?
– Na einer muss doch.

– Na dann: bitte!
– Warum denn ich?
– Geht das schon wieder los?
– Du gehst mir langsam aufn Docht! Ekelhaft!
– Wir hörn auf. Hau ab!
– *(eine Tür knallt, dann eine zweite)*

2018

Clara

– Also Clara hat
– Clara?
– Warte doch mal!
– Also Clara!
– Du kennst ja Clara.
– Die von dem Knilch mit dem
– Du meinst Ingo?
– Heißt der Ingo?
– Wie denn sonst!
– Nicht Jens-Alexander?
– Der doch nicht. Kennst du den auch?
– Na ja, kennen …
– Also Clara, ja? Die hat doch
– Immer noch?
– Wieso immer noch?
– Na, die hatte doch immer diese
– Ach ja. Nee, das meine ich nicht.
– Sondern?
– Wir waren doch gestern
– Vorgestern!
– Vorgestern? Ach so, ja, kann sein. Stimmt.
– Und?
– Warst du auch da?
– Im

– Ja! Wo der
– Was macht denn der jetzt?
– Das is ne lange Geschichte.
– Die erzählst du mir morgen.
– Nee, das geht nicht. Da muss ich
– Schon wieder?
– Mensch hör uff, das wächst mir übern Kopf.
– Das glaub ich. Geht das noch lange?
– Sechs Wochen.
– Noch!
– Nee, alles in allem.
– Und? Hilft's?
– Die sagen ja.
– Na wenn's hilft …
– Der
– Gutsicker?
– Kennst du den?
– Den kenn ich.
– Du kennst den?
– Ich war doch mal
– Hattest du das Gleiche?
– Dachtich. War aber 'n Irrtum.
– Ärzte sind eben auch nur
– Nee! ICH hab mich geirrt.
– Irren ist
– Na, menschlich bin ich mit dem ganz gut, alsooo
– Umgegangen?
– Quatsch! Sach doch mal!
– Klargekommen?
– Na klar! Ausgekommen.
– Sieh mal an!
– Und was is nu mit Clara?
– Clara?
– Du wolltest mir doch
– Ach so, ja, aber das war nichts weiter.
– Na dann is ja gut.

– Gut nicht! Die hat doch diese
– Immer noch?
– Ja … ah, da kommt sie schon. Claaara!
– Hallo, Clara.

2020

Epilog eines Einwegwerkzeugs nach dem Gebrauch

Heute, an einem der letzten Tage meines Seins, erwarte ich mit großen Augen meinen grausigen Tod durch Gefressenwerden.
Unter einem freundlich blauen Himmel mit Schäfchenwolken.
Geröll, karges Grün und vier Bestien, die an Proteinmangel leiden wie ich auch. Ich bin ihre Rettung. Ich könnte nicht einmal fliehen, mein Fuß ist gebrochen. Sie umkreisen mich, immer ist mindestens eine in meinem Rücken. Sie sind nicht größer als kleine Kampfhunde und werden als Erstes die Kehle aufreißen. Es wird wehtun.
Als Kommandant hatte ich eine reiche Bibliothek zu meiner Verfügung. Die Kameraden witzelten über mein Lesen in alten Büchern. Gutgemeint und freundschaftlich. So automatisiert waren wir nicht, dass wir am Ungewohnten oder auf den ersten Blick nicht Verständlichen nicht auch die heitere Seite gesehen hätten. Sie witzelten und ich las.
Automatisiert war unser Leben an Bord schon.
Wir waren jung und dumm, begeisterungsfähig, begeisterten uns an technischen Höchstleistungen, die Essenz unseres Glaubens war der Glaube an den Menschen, zuallererst aber an uns selbst. Wir wurden Raumfahrer: Steuerleute, Navigatoren, Kommandanten, Physiker, Chemiker, Ärzte, Biologen, Historiker … alles mit dem Ziel, das All zu befahren, besser zu verstehen, Kontakte zu suchen, in günstigen Fällen Verabredungen zu treffen mit ferner Vernunft, von der wir überzeugt waren, sie müsse sein wie unsere.
Wir starteten mit großem Hallo, jeden Tag fand ja so etwas nicht statt, tschüs Erde! Und dann schliefen wir. Das macht alles der Bordrechner: einschläfern, ernähren, abführen … dreißig Jahre Tiefschlaf. Die Auswirkungen so eines langen Schlafs waren nie bekannt. Es kommt ja keiner zurück. Das heißt, zurück kommen immer wieder mal Raumschiffe von längeren

Reisen, aber keiner erinnert sich an irgendeinen Abflug vor Hunderten Erdenjahren. Keine Landevorrichtung, kein Empfangskomitee. Fliegt woandershin, wir kennen euch nicht. Dann verkommen die Mannschaften irgendwo, kein Hahn kräht danach. Natürlich: Jeder Start wird von gutem Willen begleitet, wir wissen ja Bescheid. Wir bereiten jetzt euren Empfang noch besser vor. Und dann vergehen wieder tausend Jahre und keiner weiß was.

Meine Erfahrung mit dem dreißig Jahre langen Tiefschlaf ist unbedeutend, wem könnte ich sie denn mitteilen! Und ich bin überhaupt nicht mehr der Enthusiast wie zu Beginn dieser Reise. Ich fand nach dem Aufwachen meine Identität, das schon, und mein erster Gedanke war: Jetzt musst du wieder funktionieren, und wofür? Wo ist der Sinn dieses Todes bei funktionstüchtiger Biologie?

An Bord so eines Raumschiffs gibt es im Grunde kein Leben. Leben – das ist Korrespondenz mit stetig wechselnden Bedingungen, Hoffnungen auf Gelingen, Erklärungsversuche für Unbekanntes und vor allem: **Freude** am Leben, am Herstellen von etwas, Ärger nach Misserfolgen, alles Dinge, die es an Bord nicht gibt, die man in der Euphorie der Großartigkeit auch nicht vermisst. Nach dem Erwachtsein meines ICHs waren meine ersten Gedanken gerade auf sie gerichtet, die Großartigkeit des Perfekten. Und ich war müde.

Was erlebt man denn unterwegs, wenn man nicht gerade schläft? Nichts! Gut, ja, wir landen auf irgendeinem passenden Planeten, treffen Leute, wenn's sich trifft. Und dann? Woher seid ihr? Von der – ach, das ist zu weit weg, die Daten sind im Rechner, genauer: der Weg, so von „Boje" zu „Boje", macht alles der Rechner; so zwanzig Lichtjahre von hier, von DA oder von DA …? Es gibt ja nicht **das** Koordinatensystem des Universums, in dem wir irgendeinen Ort oder eine Richtung angeben könnten. Ach, und wie lange seid ihr schon unterwegs? So an die achtzig … also wir rechnen in Jahren, achtzig Jahre werden euch nichts sagen; was das ist, ein Jahr? Umläufe um unsere Sonne. Ah! Haben wir auch! Achtzig? **So** alt seid ihr? Wir werden nur vier, fünf Jahre alt …

Nach solchen Austauschen von Haltungen, Formeln und Missverständnissen wurde mir, es gab sie ja immer wieder, wurde mir immer klarer: Interkosmische Verständigung ist Utopie und die Suche nach ihr ist un-

notwendig und lächerlich. Kein Volk irgendeines Planeten hat bei einem anderen irgendeines anderen Planeten irgendetwas zu suchen.
Aus zwei Gründen bin ich zu diesem rigorosen Urteil gekommen.
Der **erste** ist subjektiver Natur und nicht zu widerlegen: Lebendiger, gegenwartsorientierter Austausch von Noten, Mitteilungen, Empfehlungen, Warnungen, neuen Erkenntnissen und so weiter kann keine Wirklichkeit werden. Wie könnte auch, was ich sage, schreibe oder irgendwie sende, anders als durch gegenwärtige Umstände bestimmt sein. Mein JETZT kann durch keine noch so geschickt erläuternde Botschaft woandershin transportiert werden. Es bleibt bei mir. Ebenso wird das Jetzt des Empfängers nie mit meinem identisch, mit einem Wort: Was ich absende, hat beim Empfänger immer Verspätung. Schon Verspätungen von Sekundenbruchteilen bei satellitenunterstützter Datenübertragung auf der Erde müssen gekannt und berücksichtigt werden. Verspätungen größerer Dauer, zum Beispiel bei Datenübertragung durch Schall, werden mit zunehmender Entfernung schon ohne technische Unterstützung erfahrbar. Botschaften, die mit Verspätungen von Jahrzehnten ankommen, werden einfach nicht mehr verstanden. Über Entfernungen von Lichtjahren kann nicht gegenwartsnah kommuniziert werden. Es ist sinnlos, in solchen Weiten Kommunikationskontakte zu suchen. Die Suchenden wie die vielleicht Gefundenen haben nicht die geringste Aussicht auf irgendeinen partnerschaftlichen Gewinn.
Der **zweite** Grund ist objektiver Natur.
Unser „Begreifen" von Zeit ist in Tausenden irdischen Jahren schrittweise entstanden. Der erste Schritt war das Erkennen der Periodizität einiger natürlicher Erscheinungen. Der zweite war die bedeutendste Gehirntat aller Zeiten: die Erfindung der natürlichen Zahlen. Der dritte Schritt, durch die wiederum Tausende Jahre dauernde, immer nützlichere Anwendung solcher Kenntnis, führte zur Entdeckung der Zählbarkeit periodischer Ereignisse. Überhaupt alles war dadurch zählbar geworden: Tage, Menschen, Schafe, Ernteerträge … Später teilte man den Tag in Stunden auf, die zu Minuten, die zu Sekunden und so weiter. Das Zählen periodischer Ereignisse zwischen Zähl-Beginn und Zähl-Ende bestimmt eine Dauer. Durch Aussaat und Ernte war das Jahr schon lange bekannt. Die Dauer eines Jahres waren bald nicht nur verschiedene Jahreszeiten, sondern einfach das Zählen der geeignetsten Zeitmaßeinheit zwischen

Anfang und Ende. Geeignetste Maßeinheit bedeutet: Ich gebe die Dauer eines Konzerts nicht in Millisekunden an und die Dauer eines Lächelns nicht in Jahren.
„Zahlen“ oder „Zeit“ sind keine Vorkommnisse in der Natur. Sie sind in unseren Köpfen, nirgends sonst. Das wird von vielen nicht gewusst.
Ich merke: Mein Kopf entwickelt in schönster Lehrbuchmanier Gedanken, die erst noch weiterentwickelt werden müssen, ehe sie was taugen. Die Bestien vor, neben und hinter mir sollen mit ihrem Mahl warten. Wartet noch, euer Atem stinkt, ihr macht mein Denken fiebrig und hektisch. Ich versuche weiterzudenken.
Wenn ich gefragt werde: Wie lang ist ein Tag?, antworte ich: Eine Erdumdrehung. Ich könnte antworten: Rund sechsundachtzigtausend Sekunden. Da würde die nächste Frage beantwortet werden müssen: Wie lange dauert eine Sekunde? Da würde ich immer kleinere Bruchteile sagen, immer kleinere … und ich könnte doch nichts über ihre **Dauer** sagen. Ich müsste ja zu jedem dieser Bruchteile eine Periodizität nennen, deren Wiederholung in diesem Bruchteil als Zählergebnis angebbar wäre.
Gesetzt den Fall, ich werde auf einen Planeten versetzt, der seiner Sonne stets nur eine Seite zukehrt (wie der Mond der Erde), habe keine Uhr und soll die Dauer meines Hierseins sagen, meine Antwort könnte nur sein: Ich kenne sie nicht, um mich herum gibt es keine periodischen Bewegungen.
Und zweitens: Ich will mit einem Lebewesen kommunikativen Kontakt aufnehmen, dessen statistische Lebensdauer, mit menschlicher Maßeinheit gemessen, nur wenige Stunden beträgt. Sagen wir 24 Stunden. Ich könnte gefragt werden: Wie alt bist du?, und würde mein Alter in Jahren angeben. Da würde sofort gefragt werden: Was ist ein Jahr? Ich würde vielleicht antworten: Dreihundertfünfundsechzig Tage. Da würde die Reaktion sein: Das ist ebenso unverständlich. Und ich stünde da. Ich könnte noch mein Alter (in Jahren) mit 365 (Tage pro Jahr) multiplizieren und würde sogleich einer der Unsterblichen sein, in ihrem Verstand.
Ich könnte fragen: Was bestimmt euer Leben? Die Antwort könnte sein: Wir tun unsere Pflicht. Wir bauen Schulen, unsere Kinder wachsen uns über den Kopf … die größte Sorge haben wir durch eine gegenwärtig herrschende Seuche, die unsere Kinder befällt: Noch vor der Einschulung verkleben ihre Rüssel und sie verhungern oder müssen künstlich ernährt werden. Unsere besten Wissenschaftler versuchen mit allen Mitteln und so weiter, und ich

würde merken: Es sind Leute. Leute mit Verständnis, mit Plänen, Sorgen … Leute wie wir, eigentlich.
Jeder Versuch der **realen** Kontaktaufnahme würde allerdings wegen verschiedenartigster unbeseitigbarer Paradoxien sinn- und erfolglos enden. In keinem Belang wären unsere „Welten“ kompatibel. Bei dieser von mir erfundenen Begegnung (ich wiederhole: Die statistische Lebensdauer dieser Eintägler beträgt nur einige Stunden menschlichen Maßes), bei dieser Begegnung wäre wohl die alles entscheidende Kommunikationssperre diese: Die Dauer einer Frage an sie, oder einer Antwort, dürfte nur wenige menschliche Millisekunden betragen. In unserem Zeitmaß würden Frage oder Antwort ganze Lebensabschnitte der Eintägler beanspruchen. Und umgekehrt wäre ihr Sprechen für uns nur hochfrequentes Zirpen.
Nichts rechtfertigt den Versuch irgendeiner Kontaktaufnahme zwischen Zivilisationen, wenn ihr Planet nicht zum System **desselben** Zentralgestirns gehört. Solche Vorhaben sind sinnlos, widernatürlich und ganz und gar unnotwendig.
Mit diesen Betrachtungen habe ich versucht, die Bewandtnis von Dauer und Zeit zu verstehen. Wartet noch, Bestien!
Nach dem Austausch nichtaustauschbarer Begriffe sind alle Beteiligten froh, wenn wir uns verabschieden, wir am meisten. Auf Nimmer-, Nimmerwiedersehen.
Das ging mir im Kopf herum, nach dem Aufwachen. Ein Nachdenklicher ist an Bord nicht beliebt. Bald bemerkte ich zunehmende Isolation, bald war ich nur noch nominell Kommandant, und eines Nachts, in der wir auf der Suche nach Beeren oder irgendeinem frischen Obst um unser Schiff unterwegs waren, starten sie. Ohne mich. Ich höre den Lärm der Triebwerke, sehe ihr Licht … seid ihr verrückt geworden? Und da stand ich.
Ins All geschossen für nichts als den Triumph irdischen Bedeutungswahns, verheizt und verraten im Fieber eines oktroyierten „Fortschritts“, durch den einige Hundert Industrieverbrecher ihren Gewinn machen.
Jetzt, kurz vor meinem Tod, kommt mir der Gedanke, dass ich, anders als zu meiner Totzeit, meinen wirklichen, lebendigen Tod erleben werde. Es wird wehtun. Aber ich verliere nicht mein Leben, es war keins.
Der erste Ansprung. Ich wehre ab. Der zweite, Zähne am Hals, ich, aa aaahh…

2019

Aus Natur und Gesellschaft 1

Rätselhaft erscheinen uns Fisch- oder Vogelschwärme in ihrem scheinbar zeitgleichen Massenverhalten.

Die Nervenleitgeschwindigkeit in tierischen Organismen beträgt 1…100 m/s. Sie ist vom Typ der betreffenden Nervenfasern abhängig. Ich wähle willkürlich vereinfachend 20 m/s für alle Fasern. (Beiläufig erinnere ich mich, dass bei einem plötzlichen schmerzauslösenden Reiz beinahe unverzögert die Berührung wahrgenommen wird, erst mit Verzögerung der Schmerz. Es sind offensichtlich verschiedene Nervenfasern beteiligt. Diese Erscheinung lasse ich im folgenden Nachdenken unberücksichtigt.)

Wir treten barfuß auf einen Kienapfel. Nach einer zehntel Sekunde tut es weh, erst nach einer weiteren zehntel Sekunde reagiert unsere Muskulatur, wir entlasten den Fuß, kurzzeitig nimmt der Schmerz noch zu, dann erst lässt er nach.

Bei einer geschätzten Länge der Nervenbahnen vom Fuß zum Kopf und wieder zurück zum Fuß von ungefähr vier Metern beträgt die Reaktionszeit bei der oben angenommenen Nervenleitgeschwindigkeit von 20 m/s etwa 200 ms. Da darf man vermuten, dass ein kleiner Mensch schneller reagiert als ein großer, eine kleine Fliege schneller als eine große, ein Hering schneller als ein Hai.

Für eine Möwe veranschlage ich für Hin- und Rückweg 4 cm. Die Reaktionszeit auf einen optischen Reiz beträgt dann ungefähr 2 ms. Zwei Ereignisse in einem Abstand von zwei Millisekunden empfinde ich wie ein einziges.

Mit einem Wort: Wir brauchen uns nicht zu wundern, dass eine Gruppe Möwen scheinbar gleichzeitig auffliegt, dass Heringsschwärme in **einem** Augenblick den Kurs ändern, dass Mücken ohne Havarie in der Sonne tanzen.

Mücken – bei geschätztem Hin- und Rückweg von zusammen einem Millimeter antworten sie auf einen Reiz oder eine drohende Gefahr in einer zwanzigstel Millisekunde. Verglichen mit modernen Rechnern ist das eine lange Zeit.

Auf einem anderen Gebiet schlagen sie den Rechner wiederum spielend. Sie fliegen geschickter.

2019

Über den Weltfrieden

Erst wenn Drohnen auch in Baumkronen manövrieren können, werde ich Drohnenfreund. Sie sind ja jetzt schon sehr nützlich.
Nimm den seit hundert Jahren ständig in Gefahr lebenden nordamerikanischen (US-)Soldaten. Er behütet den Weltfrieden, muss an Ort und Stelle seinen Kopf hinhalten und kann auf jede Weise das Leben verlieren. Er verteidigt den demokratischen Amerikanismus, der seinerseits den amerikanischen Frieden und eben den Weltfrieden garantiert.
Was ist amerikanischer Frieden? Schwer zu sagen. In einem Computerlehrgang jedenfalls lernt der Soldat ihn zu beschützen. Nun muss er nicht mehr seinen Kopf hinhalten. Das ganze Beschützen erledigt er am Bildschirm. Er sieht vor dem Beschützen nicht mehr angstentstellte Gesichter, Urinlachen zwischen den Füßen, so hohe Auflösung ist für seine Aufgabe nicht nötig … Frauen? Kinder? Männer? Gemischte Gruppe? Peng!
Vom amerikanischen Frieden zum Weltfrieden ist es nur ein kleiner Schritt. Peng, und da ist er. Und ist schon in den entlegensten Gegenden der Welt. Umsichtig dosiert und nicht zu übersehen.
Er könnte jetzt die Toten zählen, muss er aber nicht, er braucht eine Cola. Tote zählen – kein Spaß. Das macht der Chef im Nachbarzimmer. Der hat den größeren Bildschirm.
Drohnen können bald noch mehr. Das können sie aber noch nicht: zwischen Bäumen und in Baumkronen den lärmenden Spatzen, Krähen, Staren den Hals umdrehen. Alle reden von Lärmschutz. Aber daran hat noch keiner gedacht.

2019

Ruppiner Land

Ein Fontane-Jahr geht zu Ende. Wenn Fontane sich als erwähnenswerter Schriftsteller behauptet, wird es weitere geben. Als Perle ist er Perle unter Perlen, wie lange noch?
Bachs Söhne waren allesamt Musiker. Man weiß das und kennt sie, wenigstens dem Namen nach. Wie viele Musiker lebten in der Bach-Ära, die in

Vergessenheit geraten sind. Und das nicht, weil sie nichts taugten. Sie waren örtlich Große, hatten ihre örtliche Lobby, aber nicht mehr.
Im 19. Jahrhundert hatten die Musiker die Straße. Unzählige volksliedhafte Lieder entstanden aus Opern- und Operettenarien. Eins der Verbreitungsmedien war der Leierkasten, dessen historischer Bedeutung sich keiner mehr bewusst ist. Wer kennt heute auch nur einen der Komponisten, deren Lieder er vielleicht noch erlebt hat, vorausgesetzt er hat sie als junger Mensch, immer in der Nähe des Bierhahns, im „Chor" gesungen, oder eben aus dem Leierkasten gehört. Diese Generation geht dahin. Die Medien sind nun Massenmedien im übelsten Sinn. Und das gemeinsame Singen geht dahin. Es ist zum Fan-Grölen verkommen, füllt Stadien und Sonderzüge, wird, als vorsätzlich angerichteter Kulturschaden, für immer deutschen Massenfrohsinn begleiten. Es gibt nichtheilbare Schäden an der Seele. Das gewaltandrohende Grölen ist nur ein Symptom.
Heutige Bevölkerungen sind Macher und Gemachte, Animateure und Animierte, Schausteller und Gaffer, Hersteller und Käufer und so fort.
Auf der passiven Seite ist Dabeisein bestimmend und das dem gegenwärtigen Vorbild geschuldete Nachäffen. Auf der aktiven Seite unterscheiden wir Herrscher, Mitherrscher und Hofnarrenartige.
Ein Fontanejahr geht zu Ende.
Medien schießen ins Kraut, konkurrieren um Bedeutung, heben dies hervor oder das, diese oder jenen … koppeln sich im Kampf aneinander … da liegt auf der Hand, dass die Qualität des Verbreiteten bedeutungslos wird. Anregungen? Empfehlungen? – Vorsicht! Und immer dran denken: Alles, was Sie in den Medien hören, sehen, erfahren, bestaunen … alles ist Ware. Nicht immer Schund, aber auch Schund.
Fontane ist durch seine Ware bekannt geworden. Wie viele Fontanes gibt es wohl in einem gegebenen Augenblick in Deutschland? Viele!
Das Wasser steigt, was heute noch herausragt, wird verschwinden. Wachsen Riffe nach? Sie wachsen nach. Statt eines Menschen wird eines Tages vielleicht ein dem Schönen verbundener Roboter dünnflüssiges Gelenkfett weinen vor Freude an einer gelungenen Ballade. Vielleicht von Fontane. Fontane war ein Riff.
Einen Neuruppiner habe ich durch das Radio kennengelernt, der sprach warmherzig über Neuruppin und Theodor Fontane und erinnerte daran,

dass das Ruppiner Land schon zu dessen Zeiten ein beliebtes Ausflugsziel der Berliner war.
Sprach liebevoll und ohne Nachplappern, und weil ich nur mit halbem Ohr den Beginn der Sendung mitgekriegt hatte, ist mir sein Status in Neuruppin unbekannt geblieben. Bürgermeister? Leiter des Tourismusbüros? Chef der Feuerwehr? Ein Apotheker? Mir ist ebenso entgangen, ob das, was er schwärmerisch zitierte, von einem jener Zeit stammt – vielleicht von Fontane selbst? vom Kapitän eines frühen Ausflugdampfers? – oder einfach ein alter Hut ist, den nur ich noch nicht kenne:

> Wenn Sie unsre Seen sehen,
> wollen Sie kein Meer mehr sehen.

2019

Aus Natur und Gesellschaft 2

Bei dem Namen „Fliege“ denkt jeder sofort an die gemeine Stubenfliege oder die Brummfliege. Beide haben in groben Zügen gleiche Gewohnheiten. Richtig lieb sind uns beide nicht. Aber keiner ist je von ihnen bedroht worden. Sie sind scheu, fluchtschnell und ohne jeden Gedanken an Feind- oder Freundschaft. Sie empfinden sich nicht als unsere Nachbarn, sind es aber. Aber sieh sie dir unter ihresgleichen an, als Insekten unter Insekten.
Sie und Ameisen leben in verschiedenen Zweigen verschiedener Nahrungsketten, sind keine Konkurrenten, stehen einander nicht im Weg und ihre Beziehung zueinander ist die von Nachbarn, von denen jeder seins macht, sich aber über das Verhalten des anderen schon mal ärgert oder den anderen aus Ärger über ihn zurückärgert.

Ich habe Zucker gestreut und angefeuchtet. Die erste zufällig vorbeikommende Ameise geht nach einigen Augenblicken des Genießens wirre Wege, kommt wieder, geht, verschwindet … fünf Minuten später bilden Dutzende eine dichte Borte rings um die Delikatesse und andere Dutzende laufen in der näheren Umgebung scheinbar ziellos hierhin und dahin (zu dieser Verhaltenstaktik habe ich mir Notizen gemacht, die ich vielleicht später auswerte).

Eine Fliege landet in der Nähe, fliegt auf, landet näher … (Duftstoff Zucker?), fliegt wieder auf und landet auf dem Süßen. Ihrem Rüssel passt etwas nicht, sie geht ein paar Schritte weiter, saugt – und wird bemerkt. Aus der rätselhaften Wirrnis lösen sich zwei oder drei Exemplare und attackieren die Beine der Fliege. Das mag sie nicht. Sie könnten ihr die Füße verätzen, sagt ihr evolutionär entstandenes Wissen von der Welt. Sie geht beiseite. Geht beiseite oder springt (fliegt) ein paar Zentimeter weiter.
Das wiederholt sich einige Male, irgendwann fliegt sie fort, vertrieben oder gesättigt. Beide Parteien bleiben friedliche Nachbarn, haben ihre Rechte wahrgenommen und beide sind Sieger.
Dieser Beitrag zum vernünftigen Umgang miteinander kann ungelesen bleiben. Wer ihn gelesen hat, ist nicht dümmer geworden.

2020

Über das Nichtsein

Man kann drum herumreden oder „das Beste daraus machen", die Wahrheit ist: Altwerden macht hässlich, krank und welk. Richtig gesehen ist das darauffolgende Sterben nichts anderes, als was jeder Trainer seinem Anbefohlenen rät: Hör jetzt auf. Es ist genug. Du hast Ruhe nötig.
Nun ja, aus unserer Ruhe nach den Gewalten des Lebens gibt es **kein** Aufwachen. Aber wer weiß.
„Wer weiß" hat seine Anhänger. Sie glauben an den ewigen Himmel und glückliche immerwährende Seinsumstände, oder glauben an eine Wiedergeburt, vielleicht als Spinne oder als Pferd, oder noch mal als Mensch, weil es schön war.
Cervantes' Weisheit lässt Sancho Pansa sowas sagen:

> … jagt mich nicht fort, Señor, ohne mich müsstet Ihr vielleicht hundert Leben leben und das hundertste Leben stünde Euch bald bis zum Hals ohne Eure geliebte Dulcinea, die Ihr im zweihundertsten gefunden haben würdet, aber Gott der Allmächtige begnadet uns nur mit einem einzigen. Es ist ja ausdenkbar, Eure Herrlichkeit, dass ich mich irre und Gott der Herr erlaubt uns, mehrmals zu leben. Wäre dieses

> mein jetziges Leben mein fünftes, hätte ich doch kein Wissen von den verflossenen vieren, so dass ich glauben müsste, Gott unser Vater und gütiger Schöpfer könnte es unterlassen haben, uns mehrmals leben zu lassen, da es mich bedünkt, seine Mühe hätte er an anderes wenden können, aber Gott irrt nicht und was er tut und nicht tut, ist wohlgetan …

Ewig leben? Grausig. „Ich möchte ewig leben." Sagt man so hin. Wir haben keinen durch Erleben oder nur die Vorstellung eines Erlebens gestützten Begriff von „ewig". In den Naturwissenschaften sind „ewig" und „unendlich" auf ein Symbol reduziert, die liegende Acht, mit der man ohne Befremden vernünftig umzugehen weiß oder lernt.
In einer Anthologie junger bundesdeutscher Autoren, siebziger Jahre des vorigen Jahrhunderts, alle Namen vergessen, arbeitet einer von ihnen das Grauen ewigen Lebenmüssens in einer kleinen Erzählung aus:

> Ein außergewöhnlicher Schamane verkauft dem, der es wünscht, ein Elixier, das ihn unsterblich macht. Vorbereitend spricht er zum Begehrenden das: Nun ja – „ewig" ist eine lange Zeit. Langeweile wird sich nach den ersten tausend Jahren einstellen. Sie verstehen ja nichts mehr. Nicht mehr, was Menschen unermüdlich erfinden, verwenden, wegwerfen und ersetzen, nicht was sie bewegt, ängstigt oder erfreut. Sie haben Ihr jetziges Hirn, das nicht in der Lage sein wird, die letzten Erkenntnisse der Wissenschaften Tausende Jahre hindurch zu verstehen und zu behalten. Sie werden keine der Sprachen verstehen und niemanden haben, der mit Ihnen zweifelt, streitet … keinen Freund und keinen Feind. Sie werden den Status des Mitmenschen keine tausend Jahre behalten. Sie werden zu sterben wünschen, Sie werden irre werden vor Verlangen nach dem Tod, aber den gibt es nicht für Sie. Sie können Milliarden Jahre auf dem Grund des Meeres spazieren und messen, verändern, notieren … kaufen Sie, leben Sie ewig!
> Die Erde wird glühen, schmelzen und ein Teilchen der Sonne werden, die zum roten Riesen geworden ist. Vielleicht ist da Hoffnung. Darüber weiß ich nichts zu sagen, nur das: Spät genug, tot zu sein, ist es. Ihre Eiweiße werden DAS nicht überleben. Sie könnten dann reklamieren.

Aber – wie könnten Sie, glühendes Gas jetzt, mich suchen – kommen Sie! Das Elixier hat die richtige Temperatur, kommen Sie!

Ewiges Totsein ist weniger schrecklich. Ist es auch kein Wunsch, er wird erfüllt. Jedem. Die Dauer kann uns nicht schrecken. Die haben wir ja – ja was sage ich jetzt? Erfahren? Erlebt? Jeder von uns ist ja Milliarden Jahre nicht gewesen. Das erschreckt nicht. Nichtsein ist nicht schmerzhaft. Das wenigstens wissen wir aus – Erfahrung. Die besteht immerhin darin, dass wir das Nichtsein nicht erinnern, das gewesene. Das künftige Nichtsein, sollten wir schlussfolgernd erwarten, wird ebenso schmerzlos sein, erträglich und ungewusst.
Kurz davor, wünsche ich mir, habe ich noch die eine Sekunde, um den Löffel ordentlich hinzulegen. Wenn ich die nicht habe, gräme ich mich zu Tode.

2020

10b

Die 10b der Gryphius-Horn-Schule ist meine Patenklasse. Sie und ich sind bei einem kleinen Straßenfest aneinandergeraten und aneinander kleben geblieben. Schüler und ein junger Lehrer scherzten, berieten zwanglos, der Lehrer wurde gesiezt, ein Mädchen rempelte unvorsichtig meinen Ellbogen, ich verschüttete Kaffee, dann war Stille. Was wird er tun, der Fremde. Was wird er sagen?
Der Schaden war nicht groß, wurde besprochen … wir kamen ins Gespräch. Und was machen Sie denn so, fragte einer. Ich sagte, nun ja, ich habe Zeit zum Denken, denke nach, schreib was auf, lese das Geschriebene, das ist abenteuerlich, tja … Sie sind Schriftsteller? Na – kein bezahlter, wenn du das meinst. Und worüber so? Ich meine – was ist Ihnen besonders wichtig?
Ich verstand bald. Die Lehrstoffe sind trocken und machen nicht neugierig. Sie vermitteln Wissen, regen aber nicht an, das Wissen mit dem Leben zu koppeln. Die Sehnsucht nach Glück durch Wissen bleibt unerfüllt, verstehen Sie? Wir wischen auf unseren Smartphones, suchen und wissen nicht, was. Unser Lehrer ist Kumpel, weiß viel, ist aber nicht besser dran als wir. Gehört ja zur selben Generation. So ist das mit uns. Sie dagegen haben's besser.

Nun ja. Das war nicht nur hingesagt. Das war – Haus- und Zootiere vermitteln uns eine mitleidvolle Ahnung von Freiheitsentzug, Ausweglosigkeit und gestorbener Hoffnung …
Denken also. Ich erklärte es so: Jeder Gegenstand, jedes Ereignis ruft ja in uns nach Reaktion. Die fällt natürlich oft genug spärlich aus, ohne Teilnahme des Bewusstseins. Das Gieren nach Aktivität, worin sie auch bestehen mag, begünstigt leider das Verkümmern der Fähigkeit zur Kontemplation. Was das ist? Nun – Entlassen des Ichs, Einkehr, Anschauung, Denkruhe, Reinheit … kann man das lernen? Östliche Religionen lehren es, das Religiöse ist nicht das Wichtigste, sondern das Finden des eigenen Ichs, aber – ich bin ja nicht östlich religiös, von mir kann man da nichts lernen. Würden Sie uns was von sich vorlesen?
Das hier hatte ich gerade bei mir, noch in Arbeit, seine Wirkung war Sympathie.

Pasewalk

Im Lotto auf den großen Gewinn spielen ist ungefähr so dumm wie auf dem Bahnhof von Pasewalk auf die Begegnung mit jemandem hoffen, der in Döbeln zu Hause ist und von dem man mal gehört hat. Die Wahrscheinlichkeit dieser Begegnung ist klein, klein, klein, aber nicht null. Kann sein, sie liegt bei einem Achtzigmilliardstel, ist vielleicht kleiner, vielleicht größer … ein Bewanderter lächelt: Was für ’n Quatsch.
Lächeln ist kein Argument. In einem vorigen Lesestück kann man das nachlesen.
Ist die Wahrscheinlichkeit, den Döbelner zu treffen, noch kleiner, wenn der kein Döbelner, sondern ein Münchner ist? Oder ein Norfolker? Prinzipiell kann zu solchen Aufgabenstellungen eine vernünftige Antwort nur gefunden werden, wenn eine erhebliche Anzahl von einengenden Bedingungen die Schätzung auf vernünftige Weise vereinfacht. Aber wenn der andere ein naher Nachbar des Hoffenden ist, muss die Wahrscheinlichkeit, zufällig **den** zu treffen, nicht dicht bei eins liegen? Ja!, könnte man denken. Und nun Achtung! Der Hoffende geht täglich zum Bahnhof, um zu harren. Und aus Bequemlichkeit immer zur gleichen Zeit. Der Nachbar fährt täglich zu

seiner Freundin nach Gramzow, ganz in der Nähe. Immer mit dem Zug 9 Uhr 19 ab Pasewalk. Und der Hoffende geht gleich nach dem Frühstück, um 10, zum Bahnhof und stellt sich da auf und wartet, sagen wir, eine Stunde. Nie, aber auch nie wird er seinem Nachbarn begegnen, sofern der seine Besuchsreise nicht abbricht und bis 10 Uhr wieder auf dem Pasewalker Bahnhof steht. Wenn zwei Personen streng getaktete Leben leben, und wenn die Taktung der beiden die gleiche, aber phasenverschoben gegenüber der anderen ist, findet keine Begegnung statt.

Etwa eine Million Sandkörner mit dem Durchmesser 1 mm füllen einen Würfel mit der Kantenlänge von 10 cm. Ich schütte alle Körner aus. Da liegt der Haufen. Ich fege sie zusammen, schütte sie wieder aus, und immer wieder, und immer wieder. Unter einer Million Körnern gibt es 500 Milliarden Abstände zwischen ihnen. Die Wahrscheinlichkeit der Wiederholung eines Haufens (alle Abstände sind dann in Größe und Richtung denen eines vorigen Haufens gleich) beträgt also eins durch fünfhundert Milliarden. Ich muss fünfhundert Milliarden Mal ausschütten, um mit Glück die Wiederholung eines Haufens zu erleben. Von einer so kleinen Wahrscheinlichkeit eines Ereignisses im täglichen Leben sagen wir rundheraus: Es findet nie statt. Punktum. Seine Eintretenswahrscheinlichkeit ist für uns null. Und jetzt: Ereignisse, mit einer so geringen Wahrscheinlichkeit, **treten ein.** An unzähligen Orten, unzählige Male. Die Wahrscheinlichkeit, dass beim Gehen mein Fuß genau in einem akribisch ausgemessenen Areal aufsetzt, ist sicher noch kleiner, aber er **setzt auf.** Nicht genau in diesem Areal, dafür in einem benachbarten, das zu treffen ebenso **un**wahrscheinlich war. Ringsherum treten, zufällig!, die unwahrscheinlichsten Ereignisse ein, milliardenfach, pausenlos, und wir wundern uns nicht. Tropfenmuster, Spinnenweben, Kaffeegrund, Hautjucken, Vogelschwärme, Baumkronen … alle bezeugen prinzipielle Unbestimmtheit der künftigen Welt.

Der Bewanderte von oben lächelt schon nicht mehr. Ist aber gespannt: Wohin führt das?

Leben, das, was wir mit unserem erdgebundenen Gemüt unter Leben verstehen, ist mindestens EIN Mal im Universum entstanden. Wir kennen ja unsere Erde mit uns darauf. Wir fragen: Wie konnte aus unbelebter Materie Leben entstehen? Und fragen natürlich in Begriffen unserer irdischen Welt, die wir so recht und schlecht verstehen. In Begriffen, die nur in **unserer** Welt (befahrbar, erfahrbar) so viel Sinn haben, dass wir überhaupt erst vernünftig fragen können. Für Fragen an das Universum haben wir keine passenden Begriffe. Wo uns begriffliches Verständnis fehlt, ersetzen wir das Fehlende durch Symbole. Nie hatten Lebewesen der Erde Begegnung mit dem Unendlichen oder der Ewigkeit. Wir „begreifen" beide nicht, haben für sie die liegende Acht als Symbol gewählt, mit der wir operieren, wie es Axiome und mathematische Gesetze erlauben. Fragen an die Materie (was bist du?) beantworten wir uns selbst in Form von Bezeichnungen, Merkmalen, Wertbestimmungen … immer genauer, immer vielfältiger, alles ohne sie zu begreifen. Ein Physiker (1960er Jahre) rechnet dem Leser in seinem Buch vor, dass die Entstehung des Lebens auf der Erde eine außerordentlich geringe Wahrscheinlichkeit hatte, der zufolge seine Entstehung an anderem Ort im Universum stattgefunden haben muss. Und setzt schweigend voraus, dass unter „Leben" dem irdischen Leben sehr verwandtes zu verstehen ist. (Ich erinnere mich nicht an den Namen und sein Buch ist abhandengekommen.) Ich habe das Ziel der aufwendigen Vorbereitung ungefähr erreicht.

Die Daseinsformen der Materie sind vermutlich so mannigfaltig wie Form und Verteilung aufgeschütteten Sandes, wenn nicht nur eine Million Körner aufgeschüttet werden, sondern zehn hoch achtzig. (Das Universum besteht, und das kann durch Schätzungen vernünftig ermittelt werden, aus etwa so vielen kleinsten Teilchen. Das Ergebnis der Schätzung hängt davon ab, welchen Autor man gerade liest, wie viele Galaxien, Nebel, schwarze Löcher usw. angenommen werden, wie viel „dunkle Materie" angenommen wird usw. usw.)

Auf der Suche nach Prozessen, die zur Entstehung des Lebens führen, führen können oder geführt haben, muss der Inhalt des Begriffs „Leben" genau bestimmt werden, und da wird schnell klar: Milliarden Laborversuche, Milliarden Denkversuche sind dazu nötig. Möglicherweise gibt es Milliarden unterschiedlichste Existenzformen des „Lebens", möglicherweise existiert neben uns „Leben", das wir als solches gar nicht wahrnehmen, weil wir die zum Erkennen nötigen Verfahren, Begriffe, Sensoren nicht besitzen und nicht kennen, und möglicherweise wären wir nie fähig, und das für alle Zeit, anderes als irdisches Leben „Leben" zu nennen, und möglicherweise ist es, was wir natürlich nie erfahren, überhaupt falsch, „lebend" und „nicht lebend" unterscheiden zu wollen, als unterschieden sich die beiden so deutlich voneinander wie Minus und Plus.

2020

Nachdem ich diesen Versuch vorgelesen hatte, waren alle eine Minute lang still, bis ihr Lehrer nachdenklich „irre“ zu sich selbst sagte und darauf „Darauf muss einer erst mal kommen“. Danach redeten alle durcheinander und eine blasse Dunkle (wieder ein Mädchen) fragte leise: Haben Sie auch mit Gedichten angefangen? Ja. Liebesgedichte? Aber ja! Anders wird man doch gar nicht erwachsen. Sowas haben Sie aber nicht immer bei sich? Natürlich nicht. Aber eins kenne ich auswendig.
Mit den ersten Worten wurde es wieder still. So wurde ich ihr Pate. Und das Gedicht war dieses:

Heiter springst du durch die Welt
mit deinem Glöckchenlachen.
Na, wie es dir gefällt.
Mit mir nicht.

So alles in allem
hab ich’s hinter mir.
Vor allem
komm wieder zu mir.

Das nimmt kein Ende.
Kein gutes jedenfalls.
Meine Hände
um deinen Hals …

2002/2020

Ja was magst du denn besonders?

- Na ja, was mit Menschen oder sowas.
- Möchtest du vielleicht gern Lehrer sein?
- Nee Lehrer nich, sowas mit Reisen. Die Welt kennlern.
- Ja und hier? **Die** Welt kennst du schon?
- Nee. Ick komm ja nich rum.

– Was glaubst du: Was ist Kennenlernen?
– Na weeßick ja nich. Kennlern ehm. Wiese so lehm und so.
– Wir stellen hier Kurbelwellen für Autos her. Zylinderköpfe … für Autos, verstehst du?
– Ick weeß.
– Du willst dich bei uns um eine Lehrstelle bewerben.
– Nee Lehrstelle nich! Mehr so Chef oda sowat.
– Tja – da sind jetzt alle Stellen besetzt. Vielleicht versuchst du's woanders noch mal. Ich habe jetzt leider einen Termin. Mach's gut. Und viel Glück!

2019

Wir sind viele

– Ich surfe im Internet. Lars-Ingo surft im Internet. Julia-Nadine surft im Internet. Wir sind viele. Surfst du im Internet?
– Nein.
– Ja was machst du denn den ganzen Tag! Du hast doch Zeit!
– –
– Hast du wenigstens einen Computer?
– Aber ja.
– Wozu hast du den denn da, wenn du nicht –.
– Hör schon auf mit deiner Scheißfragerei!
– *(lacht wissend. Lars-Ingo und Claudia-Nadine stoßen einander einvernehmlich an)* Du bist schon was Besonderes.
– –

2020

Aus einem preußischen Lesebuch 1918

In meiner Mutter „Lesebuch für Brandenburg“ für mehrklassige evangelische Schulen, Dritter Teil (6. bis 8. Schuljahr), gedruckt in Breslau 1918, Kriegsausstattung, gibt es ein Lesestück auf Seite 113 über einen Arzt in Schottland, einen Landarzt, der in dünn besiedelter, gebirgiger Weite seine Patienten mit der nötigsten Gesundheit versorgt, vierzig Jahre hindurch, Tag und Nacht, bei Wind und Wetter, bei Sturm und Regen, durch Schnee, Matsch, über unsicher überfrorene Flüsse … die Menschen sind arm, sie bezahlen mit einem Huhn, einem Fisch, Obst vom letzten Sommer …
Ein Arzt, wie wir ihm nicht mehr begegnen. Landärzte in Preußen in jener Zeit arbeiteten unter gleichen Bedingungen. Darum ist das Lesestück nicht als nostalgisch-weinerliches „vorbei, vorbei“ zu lesen, es ist ein Blick aufs Leben. Es stürzt die Kinder des sechsten bis achten Schuljahrs nicht in besinnungslose Verwunderung. Es sind Begebnisse „Aus dem Berufsleben eines schottischen Landarztes“, der auch preußischer Landarzt sein könnte. Die Kinder des sechsten bis achten Schuljahrs lernen, für Menschen anderer Länder Achtung zu empfinden, und im Besonderen Achtung vor dem Beruf des Arztes.
Was macht uns diesen Arzt so seltsam fremd? Es ist die von uns Heutigen nicht mehr erwartete Hingabe des Arztes an seinen Beruf. Es ist die Liebe zum Menschen, die einen Arzt überhaupt erst zum Arzt macht. Akademische Wissensaneignung allein macht ihn nur zum medizinischen Akademiker, nicht zum Arzt.
Behörden locken, mit aus der Sicht normaler Zeitgenossen verlockenden Erleichterungen, Ärzte aufs Land. Die Flucht in die Stadt und der Tod älterer überwiegen den Zuzug. Da stehen die Praxen leer. Oder zum Verkauf. Kein Lockmittel hat den katastrophalen Mangel an Ärzten beseitigt.
Kein Traumjob. Wenig Einkommen, zu dünne Besiedlung, Überalterung, keine Aussicht auf genügend Patienten in der Sprechstunde, dagegen die lästige Pflicht, Patienten aufzusuchen, wenn die nicht selbst kommen können … alles Erschwernisse, die ein heutiger Arzt gern meidet.
Die Ärzte, die ich kenne, verrichten ihren Job, wie andere Dienstleister auch. Feste Sprechstunden, wer was will, wird schon kommen. Nach Feierabend bin ich nicht mehr da.

Hier, in der Stadt, ist das Wahrnehmen fester Sprechstunden noch möglich, auf dem Lande eher nicht mehr. Ohne Auto schon gar nicht.
Armes Landvolk …
Armer Landarzt sag ich nicht. Der zieht gerade um. In die Kreisstadt.

2020

Radroute 7

Liebliche Sümpfe, malerische ländliche Gotik auf Natursteinfundamenten, Friedhöfe … wer hier liegt, liegt sicher, wer hier zu liegen kommt, kommt für immer. Freundliche Aussicht …
Weiter auf späten Wiesenpfaden, durch selbstgerechte Buchen, was soll ich anderes zu Lebewesen sagen, vor denen alles klein ist und klein bleibt. Das beflissene Rattern eines regionalen Kleinzuges, das Bedauerliche ist: Regional kann ich nicht steigern, regionalst wäre richtigst. Herbstlich frühe, noch vorsichtige Dämmerung, wenn jetzt noch alles gut geht, ist alles gutgegangen, frierst du?
Und sieh hier! Ein marmornes Gedenken an – nicht zu lesen, jetzt in der Dämmerung, die Sonne geht mal wieder am falschen Ende unter.
Hier ruht – nicht mehr lesbar … nichts mehr zu sehen.
Lass mich sinnieren … Zernikow würde passen … Zernikow … Propst von Zernikow? … was würde zu dir passen, mein Propst … Hochwürden sind erschlagen worden? Hochwürden trugen das Haupt so hoch, war es so?

Ich bin der Propst von Zernikow
Ich bin schon lange nicht mehr
Ich war voll Leben und Übermut
Und ward erschlagen
Das war nicht gut

Es war tiefe Nacht als sie mich erschlugen
Ich schlief als sie mich fanden
Ich träumte und träumte von Gertrud der Klugen
Und von saufenden Musikanten

Das war ein Fest das ging hoch her
Ich tanzte mit Gertrud im Arm
Wir tanzten einen Reigen den tanzt keiner mehr
Uns war so leicht so warm

Da hör ich wie im Traum du Hund
Jetzt schlag ich dir den Schädel wund
Sie schlugen für immer den Schädel mir ein
Ach Gertrud mein

Ich wehe ums Haus wenn die Winde gehn
Kann nimmermehr meine Gertrud sehn
Ich tanze mit Gertrud zur Nacht
Ich bin so tot bin nicht mal ein Wehn
Ich bin nur gedruckt und gedacht

Mithin schönen Dank Wandrer dass du mich denkst
Und Glück dir auf allen Wegen
Und wenn du auf Radroute sieben längst
Geschwitzt über deinem Lenker hängst

Ich bin der Propst von Zernikow
Du bist nur einer von vielen

2007

Moi aussi

- Je voudrais bien coucher avec vous.
- Das höre ich öfter. Was heißt das?
- Ich möchte gern mit Ihnen ins Bett gehen.
- Gehen?
- Sein!
- Sie machen wirklich einen müden Eindruck. Ich würde Sie nur stören.

Tja – ich bin in Eile. Aber – sprechen Sie am besten Deutsch, hier in Deutschland. Sie sind Deutscher, hab ich recht? Na, was red ich – „Meine Dame, ich …" hätte es auch gemacht. Übrigens bin ich ein Mann. Du siehst ganz gut aus. Na?

– Das sieht man nicht.
– Ich kann alles.
– Das würde mich überfordern.
– Aber du würdest vielleicht –.
– Ich heiße Dinah.
– Du bist –
– Ja.
– Je voudrais bien
– Moi aussi. Ober! Die Rechnung, bitte!

2020

8. Mai 2020

Das Ende des Zweiten Weltkriegs wurde von der Mehrheit der Deutschen nicht so sehr als das Ende des größten Krieges aller Zeiten wahrgenommen, es war „Der Zusammenbruch", noch in den fünfziger Jahren. Der Name ist keine Lüge, reduziert aber ein Ereignis globaler Bedeutung auf den Unmut über eine missratene Versuchsanordnung.

Unsere vorherrschende Haltung gegenüber Krieg und Kriegsende war eine stolze: „Wir sind, als Deutsche, schon auf dem richtigen Weg gewesen. Wir sind ja Deutsche. Aber die Nazis haben alles versaut. Sowas müssen wir in Zukunft vermeiden." Der erste Schritt der großen Vermeidung hieß Entnazifizierung (Alliiertenvereinbarung für ganz Deutschland auf der Grundlage des Potsdamer Abkommens). Justiz, Beamtenschaft, Exekutive lagen im Westen über kurz oder lang wieder in den Händen derer, die sich in der Zeit der Nazis darin geübt hatten. Die vorherrschende Haltung des Westens gegenüber der im Osten als selbstverständlich verstandenen politischen Verurteilung der Nazis und ihres Regimes unterliegt heute noch gesinnungsterroristischer Abwertung: „Bei euch war Antifaschismus ja regelrecht angeordnet." Kurz: Die USA nahmen das Schnellverfahren seelischer Umkrempelung als Erfolg

und verhalfen dem besetzten und westlich besessenen Westdeutschland, das 1949 „Bundesrepublik Deutschland“ (geb. „Deutsches Reich“!) wurde, zu schneller Genesung durch den berüchtigten Marshallplan ERP*. Und wer in Europa am Kampf gegen den Kommunismus beteiligt sein wollte, konnte sich an diesem Gesundungsprozess beteiligen. Das wesentliche Merkmal dieser Hilfe waren zinsfreie Kredite (die immer gern aufgenommen werden) unter ebendieser Bedingung. Ihr Ziel war die schleunige Wiederherstellung eines kapitalistisch geprägten Wirtschaftsraums Europa.
(Zur Erinnerung: Das deutsche Volk war seit den frühen dreißiger Jahren mit ideologischem Geschick und brutaler Gewalt daran gewöhnt worden, seinem „geschichtlichen Auftrag“ gemäß zu denken und zu gehorchen: Deutschlands Sieg über die ganze Welt ist sicher, wenn die Ergebnisse des Versailler Vertrags revidiert sind. Dazu ist allerdings ein Krieg zu führen, der, da das deutsche Volk seiner Eigenschaften wegen sowieso zum Führervolk auserwählt ist, nur gewonnen werden kann. Der Gewinnkrieg wird ein totaler sein. Wollt ihr den? Die Antwort war schon sehr stark eine geschriene Bitte um Krieg.)
Deutschland begann den Krieg 1939 mit dem Überfall auf Polen, ohne Kriegserklärung, unterstrich damit seine Blitzkriegeignung und begann im Juni 41 seinen Blitzkrieg gegen die Sowjetunion, ohne Kriegserklärung, wurde allerdings vor Moskau nachhaltig gestoppt und schließlich zurückgetrieben bis in die Kapitulation 1945.
Seit der Kriegserklärung der USA an Deutschland, 1941, war der deutsche Welteroberungsgedanke tot und Deutschland führte an allen Fronten nur noch Verteidigungskriege und verlor sie.
Sowjetische Soldaten retteten ihre Heimat und siegten unter unvorstellbaren Verlusten, amerikanische Soldaten sekundierten in Westeuropa und trugen zum Sieg bei.
Ihrem Fanatismus, ständig bereit zu sein, die Ausbreitung des sowjetischen „Kommunismus“ zu verhindern, blieben die Vereinigten Staaten Nordamerikas treu bis zum heutigen Tag. Zunächst mussten sie Deutschland amerikaabhängig machen. Der Aufwand lohnte sich. Ergebnis ihrer fanatischen Beharrlichkeit war ein nahezu totaler Erfolg, in Westdeutschland politisch und moralisch, in Ostdeutschland moralisch immerhin nicht ganz erfolglos. Das westdeutsche Kapital gesundete dank ERP rasch, und das westliche Denken schlussfolgerte eine tiefe amerikanische Freundschaft

zu Deutschland. Einem Volk, das so tiefgreifend faschistisch gedacht und gehandelt hatte. Bis heute ist sie aus deutschen Köpfen nicht wegzudenken. Das Bild des amerikanischen Freundes ist in deutschen Hirnen immer noch lebendig.
(Aus der Geschichte wissen wir, wie die USA durch Völkermord, Rassenausgrenzung, Krieg und Wortbruch Weltmacht geworden sind. Sie haben geschafft, was wir gern geschafft hätten. Wir haben was falsch gemacht.)

Der Kalte Krieg, der dem heißen unmittelbar folgte, war im Grunde nichts anderes als die Fortsetzung des heißen deutschen Krieges gegen die Sowjetunion mit „anderen Mitteln". Nominell waren die Großmächte Großbritannien, Frankreich, USA und Sowjetunion im Kampf gegen das faschistische Deutschland alliiert. Befreundet mit der SU war keine der Westmächte.
Der 8. Mai kann als Gedenktag nicht unter den Tisch gekehrt werden. Dass er kein Feiertag ist, verdanken wir der im Westen gemästeten Angst vor einem neuen 1917, vor den Russen.
Am 8. Mai 1945 erklärte Deutschland seine Niederlage und Kapitulation. Selbstverständlich war dieser 8. Mai ein Tag der Befreiung Europas von einem ekelhaften Karzinom. Dieser 8. Mai konnte die vorsichtige Morgenröte eines langen friedlichen Tages sein. Wir haben erfahren: Manche Tage werden nie schön.

2020

* ERP, European Recovery Program, 5.6.1947 vom US-Amerikaner George Marshall verkündet. Ein großartiges Programm. Sein Ziel: die Umwandlung vor allem Westdeutschlands zu einer fürs Erste politischen und militärischen Kolonie der USA bei fortwährender Betonung gegenseitiger Liebe und Anerkennung.
Für diese Nachkriegshaltung wurde George Marschall 1953 mit dem Friedensnobelpreis ausgezeichnet.
Und auch Albert Schweitzer für weniger Bedeutendes.

Die Frage der Fragen

Ein Erbe unserer Geschichte ist das geringe Ansehen körperlicher Arbeit. Dabei ist sie das Fundament jedes Gemeinwesens.
Ein Gemeinwesen ist zum Beispiel ein lebender Organismus. Dessen Fundament sind Milliarden chemischer Fabriken, Milliarden und Milliarden anonymer Individuen ohne Individualität. Wenn hier Störungen auftreten, ist der Organismus gefährdet, oder er stirbt.
Entscheidungen im Sinne politischer Aktivität werden von ihnen nicht getroffen. Es sind Mikroben. Sie sind die für die Existenz lebender Organismen notwendigen – Werktätigen, anonym und verachtet.
Bevölkerungen sind Massen von Individuen. Sie fordern demokratische Mitbestimmung bis in gesellschaftliche Einzelfälle, nicht ohne Erfolg, und es ist nicht zu übersehen, dass tendenziell totale Demokratie erstrebt wird. Nicht durch einzelne Treiber, sondern durch einen gewissen Massenwahn, der auf dem Boden allgemeiner Ablehnung von seriöser Arbeit gedeiht. Wessen soziale oder finanzielle Lage irgendein Studium erlaubt, studiert, irgendwas, und sei er noch so beschränkt. Körperliche Arbeit ist verächtlich. Schließlich kann man beobachten, dass Arbeit überhaupt als verächtlich gilt. Alle Welt strebt nach „oben". Wo man reinreden kann, bestimmen kann, die Anonymität flieht, einfach „jemand ist". Man hat oder sucht (das ist die Folge des amerikanischen Weges vom Tellerwäscher zum Millionär) einen Job* als Politiker, Berater, Streetworker, Meinungsforscher, Sozialarbeiter … Kurz: Westliche Bevölkerungen leiden an ADHD** mit Hinwendung zu leerer Vielseitigkeit.
Die zunehmende Abkehr von körperlicher Arbeit zu nichtkörperlicher Beschäftigung gefährdet die Funktionsfähigkeit eines Gemeinwesens. Materielle Erzeugnisse, die die eigene Bevölkerung nicht mehr herstellen will, die aber unbedingt gebraucht werden, können schließlich in Ländern gekauft werden, in denen die Menschen noch nicht vom Wahn befallen sind, körperliche Arbeit sei unmenschlich. Dieser Wahn ist allerdings infektiös. Herr Dencker, für den ich was übrig habe, der zu meinem Gram eine Neigung zur Weitschweifigkeit hat, der Leser hat ihn in „Überdosen" vielleicht schon kennengelernt, Herr Dencker sieht das alles nicht viel anders.
Die Rufer nach mehr Demokratie müssten (vorsichtig demokratisch!) neutralisiert werden. Tja. Vielleicht – vielleicht verhindert ja ein gewisser Her-

dentrieb, den es ja auch gibt, dass „so viele Parteien wie Wähler“, das totale Chaos werden, wie Herr Dencker befürchtet. Aber Menschen gibt es immer mehr. Das ist die eigentliche, die **tödliche** Bedrohung.
Demokratie ist ja beinahe schon Religion. Die stützt sich auf Glauben. Woran?
An den Menschen, ha. Das ist gut: An den Menschen! Womit hat er das verdient, der Mensch? Er wusste es mal.
Mit einem Wort: Erlebt er noch Tausend Jahre? Und – als was?

****Job** (besonders vorübergehende) Beschäftigung, Stellung, Gelegenheit zum Geldverdienen; [engl., Arbeit, Beschäftigung, Geschäft] ; schließt innere Verbundenheit aus*
*** **ADHD** (früher HKS, hyperkinetisches Syndrom); jetzt Attention deficit / hyperactivity disorder, Aufmerksamkeitsdefizit / Hyperaktivitätsstörung*

Wir sind auf dem richtigen Weg

Wer das oft genug hört, glaubt daran. Oder Ihm wird übel. Mir wird übel. Die politische Lüge, den richtigen Weg zu kennen und ihn beurteilen zu dürfen, ist natürlich politische Dreistigkeit. Die von niemandem beanstandet wird, sie wirkt so aufbauend.
Ich machs kurz: Der richtige Weg, innenpolitische Miseren zu überwinden, ist „mehr Wachstum!“ und „mehr Fortschritt!“.
Der Politiker, bei dem ich das gehört habe, ist nicht dumm. Nur beschränkt. Vielleicht lügt er nicht, um zu lügen. Vielleicht lächelt er hochmütig über die, die ihm glauben. Wahrscheinlicher ist seine Vernetztheit mit irgendeinem Industriezweig, das Leben nach seiner minderwertigen Öffentlichkeit geht ja weiter.
Den „richtigen Weg“ kennen nur Politiker. Wenn sie nur ihrem eigenen Willen gehorchten, könnten wir sie reden lassen. Sie sind ja in ihrer Kurzsichtigkeit nicht ansteckend. Andererseits dürfen Politiker, die gehört werden wollen, gar keinen eigenen Willen haben. Verträten sie eigene Interessen, blieben sie arme Leute. Sie vertreten Interessen anderer. Im harmlosen Fall die ihrer Partei, im verständlichen Fall reden sie denen, deren Wahlstimme

sie brauchen, zu Munde, der übliche Fall wird wohl ihre Vernetzwerkung mit der Industrie sein, denn da kommt das Geld her.

Der Tischler tischlert. Der Schlosser schlossert, der Ingenieur rechnet und ermöglicht. Sie haben zertifizierte Berufskenntnis und eine Berufsehre. Ein Politiker ist einer verbindlichen, normativen Berufsethik nicht verpflichtet. Er denkt sie sich aus. Er wählt seine „Norm" nach seiner geistigen, psychischen Beschaffenheit, nach seinen Wünschen, Begierden (zum Beispiel nach Macht) und Träumen. So eine Selbstnormung gilt natürlich nicht lebenslänglich. Wenn wir mit ihm sympathisieren, sagen wir, er sei flexibel.

Moses stieg auf den Berg als Führer seines Volkes. Herab stieg er als Interessenvertreter Gottes.

Über Ursprünge von Religionen können wir nur Vermutungen anstellen. Völker ohne Religion sind uns nicht bekannt. Frühgeschichtliche charismatische Führer ihrer Völker mögen den Glauben an eine Allkraft, von der sie hofften, sie diene dem gesellschaftlichen Zusammenhalt, gefordert haben. Wer weiß.

Unerheblich ist, ob Götter Fiktion, Gleichnis oder Realität waren. In schon auf Arbeitsteilung eingestellten Gesellschaften waren sie notwendig. Ohne sie drohten Zerfall, innerer Brand und Auflösung. Sie wurden schnell missbraucht. Von Politikern! Neben der Neigung zum Missbrauch muss ein Politiker auch die Kunst des Überredens beherrschen oder erlernen.

Politik ist die Kunst des Machbaren und seine Durchsetzung. Alle Kriege waren „machbar". Das muss uns zu denken geben. Ein psychisch gesunder Mensch braucht keinen Krieg. Er baut seine Aggressionen in einem Wirtshaus ab. Selbst ein guter Politiker ist bei so einem hilflos.

2020

Versuch einer Brandschrift

Politiker ist kein Lehrberuf. Politiker kann werden, wer will. Mitbringen muss er ein handlungsfähiges Maulwerk, die Vision von Befugnis, Machtgier und Gemeinplätzen. Mehr Wachstum! Was ist so ein Aufruf wert? Nichts! Was soll wachsen? Die Anzahl der Menschen? Die Menge der jetzt schon überfließenden Massengüter? Die Forderung ist schwammig und kann alles bedeuten. Bedeutet aber gar nichts, wie die meisten Aufrufe. Sie ist nichtswertig.

Politiker haben wenig Bewegungsfreiheit. Entweder vergrämen sie industrielle Macher, mit denen sie flirten (denn nach ihrer politischen Karriere geht das Leben ja weiter), oder sie vergrämen ihre Wähler.

Wachstum – unbegrenztes Wachstum endet mit Zerstörung. Das ist die erste elementare Kenntnis, die sie nicht haben. Zweitens haben sie nur unklare Vorstellungen von „Wohlstand". Ich übrigens auch, ich gehe damit aber auch nicht als Empfehler unter die Leute. „Wohlstand" ist Klischee.

Der Mensch kommuniziert mit seinesgleichen am einvernehmlichsten. Die Majorität in Bevölkerungen ist durchschnittlich gebildet. Der Ausgang von Wahlen wird von ihr bestimmt. Sieger wird der, der ihre Sprache spricht, der ihre Klischees gebraucht. Die Folge ist, dass ein Politiker Klischees verwenden muss und sich nicht beliebig weit von der Masse wegbewegen kann. Zweitens: Klischees leben untereinander im Kriegszustand. Das sehen wir in Debatten im Parlament, so dass ein noch so geschickter Politiker nicht einmal die Mehrheit in seiner eigenen Partei befriedigen kann. Drittens: Nach mehreren Wahlen ist die Mehrzahl der Abgeordneten im Parlament majoritätshörig und Mitmacher geworden (natürliche Auslese). Viertens: Durch die Evolution der Begriffe wird „akademische Bildung" zum leeren Wort und der ganze Bildungsapparat verkommt zur Aktiengesellschaft. Bildung wird Ware. Der Marktwert wissenschaftlichen Denkens wird vielleicht in einigen Fällen zu lohnendem Umsatz führen, ist aber nicht sicher prognostizierbar. Die (pathologische) Folge sind Kurzfristigkeit und Pragmatik natürlich im Bildungssystem, weiter in Politik, Wirtschaft, Gesundheit, Transport und Verkehr … kurz: in allen Bereichen gesellschaftlichen Seins.

Jemand könnte sagen, na und? Das ist eben westliche Demokratie, so ist sie. Ich würde sagen: Ja! So ist sie.

Ich richte das Augenmerk des Lesers auf nur eine Erscheinung gesellschaftlichen Krankseins: auf Schulen und Universitäten. Seit einigen Jahren ist es politische Mode, Lernvorgänge, die unser Land („der Dichter und Denker") einst dazu geführt haben, in Kunst und Wissenschaft zu den Ersten zu zählen, durch maschinelle Wissensvermittlung zu ersetzen. Menschliche Zuwendung zum Lernenden, zu der allein ein Mensch fähig ist, wird von der Maschine nicht erwartet. Und, was durch den oben beschriebenen

Prozess in Vergessenheit gerät: Der Mensch wird erst durch den Menschen Mensch. Der Lernende, so wünschen die Initiatoren, wird ein Teil der digitalen Welt, ohne Moral, ohne Neigungen, wird zum für beliebige Zwecke benutzbaren Computer.
Politik und Industrie sind sich einig: Vom künftigen Bürger erwarten wir industriefreundliches Konsumverhalten. Charakter oder hohe Bildung würden nur stören. Und vereinbaren gleichzeitig einen Massenrabatt beim Kauf von Geräten und Dienstleistungen. Schneller Euro, nicht zu übersehen.
Infekte auf leisen Sohlen sind gesinnungs- und verhaltensterroristische Einflussnahmen auf Denk- und Verhaltensmoden. Smartphones … Keiner stößt sich an dem Versuch, Denkapparate (Hirne) durch Geräte zur Psycholyse zu ersetzen. Die Zielgruppe sind Kinder und Jugendliche. Willkürliches Software-Kunterbunt bewirkt, dass zweite und dritte Geräte gekauft werden, von denen sich die genasführten Benutzer (Laborratten) mehr Menülogik erhoffen. Damit dem Leser der Zusammenhang von Kartellkapitalismus und geplanter Verblödung von Bevölkerungen noch klarer wird, wiederhole ich: Die Zielgruppe dieser Manipulation der Gehirne sind **Kinder und Jugendliche**, die nächste Generation.
Erwähnt werden muss, dass wir in Deutschland auch ehrenwerte Politiker mit Durchblick und gutem Willen zur Vernunft haben.
Einen Bildungsnotstand wird es in der nächsten Generation nicht geben, weil zu einem Notstand seine Wahrnehmung gehört. Dazu stehen die Aussichten schlecht, denn er wird sich unbemerkt einstellen wegen der verbreiteten Neigung zur Gewöhnung an tägliches Drunter und Drüber. Das öffentliche Leben wird zunehmend von durch schnelle Macher der gehorsamen Art lahmgelegte Hirne bestimmt.

Weiter oben habe ich diesen Prozess Infekt auf leisen Sohlen genannt.
Unbrennbarer Leser, der du da feuerfest dem Eintrag ins Buch der schäbigen Duldung entgehen willst, wenn deine Seele wüsste, dass auch du brennen willst brenne jetzt! Brenne! Und zünde das Feuer, in dem alles Obige gestrig und ungültig wird, wandle es zur Morgenröte eines langen glücklichen Tages.

2020

Vieh

Wir Allesfresser haben von jeher Tiere gejagt. Tiere jagen eben. Geruhsamer war das Ausgraben von Topinambur und Rüben, das Ernten wilder Kirschen und Feigen. Allesfresser fressen auch sowas gern.
Der spätere Mensch, versuchsweise mit Intellekt ausgestattet, stellte sich außerhalb der Wildnis (zu der wir gern „Natur" sagen, was aber irreführend ist, denn wir selbst sind ja auch nur „Natur"). Darin wurde er, ungebremst, immer geschickter, der spätere Mensch. Nennen wir also „Wildnis", was er unter Natur versteht, der spätere Mensch. Der sich selbst, aus Aberwitz, immer noch Homo sapiens nennt.
Seit dem Entstehen großer Ballungen von Menschen werden von diesen auch geballte Mengen von Nahrung verschlungen. Darunter Unmengen von Fleisch. Nicht mehr „handwerkliches" Erlegen von Wild herrscht vor, Auge in Auge, sondern industrielles Abschlachten von Vieh, das in unnatürlicher Dichte unter ebenso unnatürlichen Bedingungen diesem unwürdigen Tod entgegenlebt, um in unvorstellbar rücksichtslosen Transporten zur Abschlachtung, besser gesagt zur Erlösung von lebenslanger Qual gebracht zu werden. Wir Menschen lassen die moralische Entwertung lebender Wesen zu, und mancher ist verblüfft, welche UN-Natur (und jetzt ist es das richtige Wort) uns beherrscht.
Da dürfen wir uns nicht wundern, dass der Wert auch **menschlichen** Lebens ebenso vor die Hunde geht. Sieh auf seine Großstädte.
In dem Lesebuch, mit dem ich den Leser in „Aus einem preußischen Lesebuch 1918" bekannt gemacht habe, gibt es auf Seite 263 eine

> ***Wandinschrift im Schlachthause zu Berlin***
> *Blutig ist ja dein Amt, o Schlächter, drum übe es menschlich!*
> *Schaffe nicht Leiden dem Tier, das du zu töten bestimmt!*
> *Leit es mit schonender Hand und töte es sicher und eilig;*
> *wünschest du selber ja auch: „Käme doch sanft mir der Tod!"*

Da **war** Berlin bereits Großstadt.
Das ist **auch** das verrufene Preußen. Es hat den Ersten Weltkrieg ausgelöst. Mehr muss man heute nicht wissen, um Geschichtskenntnis zu haben. Dabei war Preußen nichts Schlimmeres als der Zünder in einem mit Spreng-

stoff gefüllten, kriegslüsternen Europa. Vielen ist das neu. Zu sehr sind preußische Kaisertreue und preußischer Militarismus Stichworte zu seiner Verurteilung geworden. Es hatte seine Übel, unbestritten. Manche heutigen standardisierten Übel sind zu jener Zeit bereits Keimlinge. Wir finden aber keinen Hinweis darauf, dass der preußische Staat seine Pflicht darin sah, aus seinen Bürgern blödes Konsumentenvieh, und im Besonderen Fleischkonsumentenvieh, zu machen.

2020

Die ganze Härte des Gesetzes

- He, wat solln dit! Der soll ma loslassn!
- Nur mit der Ruhe. Was hat der denn angestellt?
- Schwere Körperverletzung bei ner Prügelei.
- Soll hierbleiben. Ick mach 'n Protokoll und schicks dann rüber.
- Gut. Ich geh dann.
- Wenn was ist (der andere ist schon durch die Tür) – na ja – und Sie?
- Der hat ma festjinomm.
- Aus gutem Grund. Sie haben
- Na wie dit so is. Kleene Rangelei. Dit is allit.
- Natürlich! Nur ne Rangelei. Muss denn immer gleich Blut fließen?
  Also – Papier, Papier, wo ist denn das? Haben Sie 'n Kugelschreiber?
- Nee, habick nich dabei.
- Ah, seh schon. Da, setznse sich da hin und schreiben Sie Ihre Aussage.
- Hm.
- Können Sie schreiben?
- Na hör ma!
  (schreibt …)
  So, ämm.
- Zeignse mal her. *(liest)*

Ich heiße Steffen Wolter, aber alle nennen mich Schwarti. An dem heutigen Tahk war es unheimlich warm und wier wollten uns mit paar Brüdern treffen. Unten an der Schwimme. Aber ich wahr zu frü da. Da habe ich par

Biere getrunken, da war mir bessa. Da stant der da. Da habe ich ihm erst mal eine runtergehauen. Dass er in dem Moment stark blutete, hab ich übersehen. Weil ich unter Schock stand. Seine Person ist mir nicht bekannt ich habe es auch nicht so gemeint weshalb ich nicht mit einer schweren Schuld hier festgehalten werde. Ich bitte um einen Anwald, der mich hier betreut. Ich muss hier raus, das ist der Tathergang. Steffen Wolter

- *(tippt am Protokoll)* Ja, hier Wachtmeister Pauli. Ihr braucht erstmal keinen Wagen zu schicken – nee, das mach ich – ja, hat er gemacht – hm, schick ich rüber – ja, ja, juhti – nee, sieht nicht so aus. Tschüs dann. *(legt auf)*
- Also, Herr Wolter, da müssen Sie mal rüber ins Revier, nehmse Ihre Sachen mit und nehmse das hier gleich mit (gibt ihm den Tathergang und das Protokoll) und tschüs dann und nicht bummeln!
- Wo is denn dit?
- Warnse da noch nie?
- Gloob nich.
- Muss ich doch 'n Wagen bestellen. Schön sitzen bleiben!
- Kann ick schon nich mehr höan: sitzenbleim.

2007

Abschweif nach Golßen

Eine Einpersonenzuhörerschaft, die mit dem Vortragenden identisch ist, ist stets der gleichen Meinung wie der Vortragende.
Wenn Ablehnung gepfiffen wird, pfeift der Vortragende. Wenn applaudiert wird, applaudieren alle.
Den jetzt folgenden Text habe ich mir unter der obigen Bedingung angehört, später durchgelesen und sage es gleich: Der ganze Anfang war unpassend. Der ging so: Jeder will ein Auto. Keiner will das Auto.
Erstmal war es ganz still. Das kennt man ja. Da liegt was in der Luft. Wenn er jetzt nicht die Kurve kriegt (eigentlich „kricht" mit kurzem i) – na ja. Aber da wurde unter nachdenklichem Nachgeben das eben Gesagte schon eingezogen. Zurückgenommen genau genommen.

Da war es weg. Und Vakuum war da. Das musste ich mit was anderem ausfüllen. Hiermit:
Zwei Aussagen, zweimal „Auto" und ein Antagonismus: Alle wollen, was keiner will, und außerdem ist das Auto nicht der Nabel aller Dinge. Hab ja selbst eins. Und das ist gut so. Es bringt mich wohin. Wohin ich will? Eben das gerade nicht.
Ich wollte nach Lübben und stehe jetzt in Golßen auf dem Marktplatz. Und das ist auch kein Vortrag. Nur aufgeschriebenes Nachdenken. Und richtig gesehen nicht mal das. Denken ist ja schneller als Aufschreiben. Überhaupt nicht grammatikalisiert, flüchtig und immer nur körnchenweis greifbar durch Zeitstopp und also nicht greifbar. Die beklagenswerte Folge ist: alles Lüge.
So gesehen ist Eigenidentität Lüge. Ist, was wir im Selbstgespräch hören, Lüge, und natürlich alles, was wir anderen sagen. Anders ist es nicht. Und Gegenteiliges ist nicht zu erwarten.
Euphemisierend kann „Lüge" durch „Dichtung" ersetzt werden. Bitte! Aber immer steht vor jedem Gedruckten, immer lautet der erste Satz des Gesagten: Jetzt wird gelogen (oder eben gedichtet).
Gedruckt wird dieser Satz nicht und gesprochen wird er nicht. Das ist darum nicht nötig, weil alle die Kenntnis haben. Ohne es zu wissen. Desto gewalttätiger wird gelogen. Berichten, beschreiben, wegstreichen, empfehlen, aktenkundig machen, aufrufen … nie ohne Lüge (oder eben Dichtung).
Ich wollte also nach Lübben und bin aber in Golßen auf dem Marktplatz, wo ich das hier schreibe. Schön ist es hier. Nicht zu glauben, dass es das zwischen Wäldern, Feldern und Weiden und Ställen gibt. Allein das Rathaus: ein städtisches Schmuckstück. Später Barock. Und mit Bürgerstolz, noch ungewohntem, teuer restauriert. Da ist Schönheit beteiligt. Und weil das Rathaus schön ist, und weil die Bäume den Platz davor in liebliches Junigrün tunken – ich fühle mich nachbarlich erwärmt, städtebaulich erfreut und sehr nahbar.
Und warum bin ich nicht in Lübben?
Deswegen: Waldweg gesperrt (frei für Forstwirtschaft), Feldweg gesperrt (frei für Feldwirtschaft), Allee aus dem vorigen Jahrhundert gesperrt (frei nur mit Sondergenehmigung) … gesperrt, gesperrt, gesperrt.
Die Erdoberfläche ist für den Autofahrer auf ein Netz von Linien reduziert, die er nun allerdings, als Ausgleich zum Flächendiebstahl, mit desto

mehr Wut berast. Kompensationsstau. Immer aufgebracht, immer aufdringlich, immer demonstrativ: Du Idiot! So fährt man! Mach wenigstens Platz! Idiot!
Autofahren ist Jagd. Jagd nach Eigenbedeutung, Jagd auf jeden anderen, insbesondere auf den, der eben gerade nicht jagt. Oder falsch jagt.
Kein Wunder, dass diese Leute keiner liebt. Sie mögen sich ja selbst nicht. Sieh in die verbissenen Visagen.
Sie erlegen in einem Jahr, allein in Deutschland, zwei-, dreitausend Menschen, eingerechnet die, die wegen Selbstüberschätzung selbst dabei krepieren. Eine schöne Bilanz. Es geht einfacher. Mit vergleichbarem Ergebnis. Das hat sich gezeigt. 3000 auf einen Streich!
Hier wie da ist das Motiv Besserwisserei. Ich weiß nicht, was Autofahrer von Attentätern unterscheidet. Jetzt hab ich gelogen. Absichtlich. Ich weiß es ja. Diese sollen nicht, jene dürfen.

Das Feindliche am Auto ist sein Fahrer.
Das Störende am Auto ist sein Lärm.
Das Bedrohliche am Auto ist seine Fratze.
Die wiederum wird seinem Insassen immer ähnlicher. Oder er ihr. Es ist ein geschlossener Kreis. Gewalt, Grimm, Kriegsbereitschaft …
Und der Lärm! Auf Landstraßen und Autobahnen dominiert Pfeifen der Bereifung. Ab 200 km/h werden auch Motoren hörbar. Glücklich getunte Motoren schon bei unbewegtem Auto. Das militarisiert auch den langsameren Dorfverkehr. Und unterstreicht den Status des Fahrers: wichtige Persönlichkeit. – Persönlichkeit …
Nicht gerade freigestellt, nein, nein, verboten ist das schon. Aber kein Hahn kräht mehr danach, es sind schon zu viele.
Auto macht Angst. Nicht das eigene. Das andere. Wer sitzt denn drin? Den Fußgänger hinter mir kann ich einschätzen, der Autofahrer ist getarnt. Ich erfahre nicht den Grad der Rachsucht, nicht das Alter, nicht Geschlecht oder ethnische Herkunft. Wie viele sind es? Vernünftig ist, wer sich davonmacht. Darum werden Autos immer schneller.
Es flieht sich besser. Es jagt sich besser.

2003

Lärm

Macht eine gezündete Atombombe Lärm? Ja schon, aber sagen kann man es nicht so.

Schreiende Kinder machen Lärm. Schreiende Kinder, die sich verletzt haben, nicht. Autoverkehr macht Lärm. Partys machen Lärm. Alles ist Lärm, was wir, gegen unseren Willen, hören müssen.

Seit dem Ende der Stummfilmzeit ist es laut auf der Erde geworden. Seit der Massennutzung von Tonkonserven noch lauter. Der Lärm erobert die letzten Nischen. Kein Pissoir ohne Musiklärm, keine Sauna, kein Restaurant, kein Skilift ... Lärm, Lärm, Lärm.

Diesen Lärm machen ist billig. Ein Orchester unterhalten, oder nur eine kleine Band, ist teurer. Und die Leute vom Orchester müssten mal schlafen. Elektrisch-elektronische Lärmgeräte nicht.

Ein Betreiber fummelt an der Programmierung ... so! Einschalten! Und die Welt ist um viele Kilowatt lauter. Er geht seiner Wege. Null Aufwand. Nur Energiekosten.

Gespenstische Vision: Die Lärmeinschalter vergessen das Ausschalten, werden alt und versterben. Sind tot. Aber ihr Lärm bleibt.

Solange die Kraftwerke rauchen.

Sogar leise Musik ist Lärm, wenn sie ungewünscht ist.

Den leisesten Lärm macht ein ausgeschaltetes Radio.

Hinter dem ausgeschalteten Radio aber dröhnt die elektromagnetische Dauerexplosion einer Atombombe aus Rock, Pop, Rap, Blues, Oper, U und E ... alles auf einmal.

Ich bin sehr froh, dass wenigstens meine Augen lärmtaub sind.

Andere zum Mitrauchen zwingen ist sittenwidrige Flegelei. Das Verbot kompensiert den verlorengegangenen Anstand nicht.

Andere unter Lärm setzen schlägt dem Anstand natürlich ebenso ins Gesicht. Es hat allerdings Tradition und kam schon immer als Kultur daher. Nicht der Rede wert?

Ich würde wirklich kein Wort darüber verlieren, wenn die Menschen es wären, die Lärm machten. Das wäre nur lästig. Es sind ihre Maschinen. Und die sind um viele Zehnerpotenzen leistungsfähiger.

Wenn in der Nachbarwohnung der dritte Satz aus Mendelssohn-Bartholdys Italienischer Sinfonie unter Simon Rattle, knackig angesagt in Klassik-Ra-

dio, angedroht wird, stecke ich Ohropax in die Ohren, die armen, die keine Klappen haben.
Das hat er nicht verdient. Nun ist er nur noch Lärm.

2008

Füller oder Filzstift

Ich verkaufe Kugelschreiber, Fineliner, Filzstifte. Seltener Füllfederhalter, die aus der Schreibmode kommen. Sicher, ganz teure, reines Gold und so, werden noch verkauft. Nicht bei mir, das geht so per Katalog, einfach bestellen und genau genommen wird ja mit denen nicht so sehr geschrieben, die liegen oder stehen einfach so da, als Zierde, als Statusunterstreichung. Außerdem glaub ich nicht daran, dass die die Tinte reinkriegen würden. Außerdem schreiben sie ja alles mit dem Computer. Die bei mir kaufen, kaufen mehr oder weniger im Affekt. Angeregt durch Überfülle, Farben und Vielfalt der Formen. Da ist schon Schönheit drin. Keiner geht her, um einen Schreibstift zu kaufen, keiner geht, ohne nicht diesen oder den da zu kaufen erwogen zu haben. Mancher kauft. Nicht viele – einige schon. Probiert und kauft, sind ja im Grunde billig. Oder kauft und probiert erst jetzt. Die meisten ziehen spiralige Grundmuster vor. Oder die Drahtrolle. Das ist nicht erlernt. Es ist in uns. Möglichst langer Strich bei eng bemessener Fläche. Elementare Vernunft. Instinkt. Wenige ziehen einen Mäander. Wenn der Augenblick des Ausprobierens gekommen ist (darf ich mal – hierdrauf?), tippe ich: Spirale (oder Drahtrolle), Mäander oder Unterschrift. Komisch: Wenn einer schreibt, schreibt er seinen Namen. Unterschrift bleibt unsicher. Mäander und Spirale (oder Drahtrolle) sage ich ziemlich sicher voraus. Ganz wenige sehen sich den Ansatz an, probieren mehrmals den Ansatz. Die Linie kucken alle genau an. Den Ansatz, der ja eher noch wichtiger ist, nur sehr, sehr wenige. Nun – einen kleinen Ausschnitt fremden Verstandes erkennt man dabei schon.
Es läuft ja viel Verstand rum. Allerdings verborgen. Der vorherrschende Typ ist Mittelstand. Hat sein eigenes Maß und bleibt immer dasselbe. Ähm oder ich sach mal sind die einzigen Abenteuer. Wie bei Leuten eben, von denen sie nachahmend lernen. Eigenes haben sie kaum, darüber sprechen sie aber das ganze Leben.

Soll mal jeder einen eigenen Gedanken haben, so läuft an mir wiederum eine Fülle von diskutablem Eigensinn vorbei. Wenn es möglich wäre, jeden dieses eine Eigene aufzuschreiben zu bitten, nicht in Mäandern oder Spiralen (oder Drahtrollen) – ich kompiliere, komprimiere … und gebe heraus ein längeres Werk. Eine Seite geht so:
Scheißwetta – dem werdick, dit Schwein – mussick rumkriejn – Scheißuhr, scheißteuer – Clara, ick sehne mich nach dir … sehnen, sehnen, immer nur sehnen … kann ich denn nichts anderes finden als immer nur sehnen, sehnen, sehnen …? – Ursel kricht nie jinuch … Ursel stoßen, aaah – der Zug ist weg – das ist die Grippe – morgen gibt's 'n neues Heft – bloß nich wegkippm … und alles sowas.
Ist originell? Finde ich jetzt nicht mehr. Kann man ja überall nachlesen.
Ha, schöne Frau, keiner kauft heute bei mir, aber Sie haben einen Wunsch nach Schönem – hier, sehen Sie – ja, probieren Sie! (Ähnelt Anita. Üppigfest, mit schönen Knien und kein Kind.) Was Sie schreiben sollen? Schreiben Sie Spirale oder MÄ-AN-DA oder Ihren Namen, fünfzig Cent, da wissen Sie, was Sie haben – haben Sie – gefällt mir auch (Sie gefallen mir auch), oder sogar schön, Schönheit ist objektiv. Aus Werneuchen? Viele kommen aus Pisa. Muss ne große Stadt sein da unten, ich pack mal zusammen, war kalt heute, als Physiker hattichs wärmer. Und bequemer. Und besser. Als Physiker hattich noch Ahnung. Jetzt habich kalte Füße.

2003

Chihuahua, du Hund

oder wie man nicht zu einem gesuchten Wort kommt

In einem alten Lehrbuch, noch aus der Schule, finde ich diese Übungsaufgabe: Nenne Wörter, die einen Klettervorgang bezeichnen. Dann die: Wie kann man ein unbehagliches Empfinden ausdrücken?
Seit gestern habe ich eine ähnliche Aufgabe. Der ich nicht gewachsen bin. Die ich aber lösen will. Sie lautet: Finde ein Wort für die akustische Absonderung aus einem Mund. Beachte, dass die unmittelbaren Folgen des Anhörens tödlicher Schreck mit heftiger Übelkeit sein sollen.

Schwache Beispiele: bellen, blaffen, pracken, gröllen (das ist zeitlich gerafftes, dadurch verdichtetes Grölen).
Ja, das wäre schon was.
Was ich suche, muss natürlich ein Ein-Wort-Begriff sein. Krellen ginge. Kripfen? Nein, das a muss dominieren, der Urlaut aller Laute ist mit Sicherheit a. Allenfalls ein sehr offenes ä. Brätzen? Schrellen (als Kausativ zu schrillen)? Knällen (wieder kausativisch)?
Überhaupt alles zu – friedlich. Ich suche den mündlichen Handkantenschlag, die akustische Schrotladung ins Hirn.
Was ich suche, muss noch eine weitere Eigenschaft haben: Es muss die blitzkurze Umwandlung von Mensch zu Ungeheuer vermitteln, den Abwärtssprung aus Kultur in Wildheit, Zerriss, Zerplatzung, Entordnung …
Ich erzähl's einfach.
Spätsommerabend in der Gensinger Straße nach einem beruhigend lauen Tag ohne Absurditäten. Da ist es still zwischen den Blöcken. Alle haben ihren Sommer gehabt und haben keine Eile mehr. Gelassen wird der Herbst erwartet, es ist, als fände im nächsten Augenblick Natur statt. Alles ist – lieb, wenn ich verstehe, was ich meine. Und – ah, da ist noch jemand auf der Straße. Mann mit Hund. Nun ja – schon komisch, die beiden. Der Mann austauschbar: Sofakleidung, wie einer eben mal schnell vors Haus geht, massig, ältlich … aber der Hund! Chihuahuas zählen ja nicht eben zu den Großen, aber der hier ist nicht viel größer als ein Meerschweinchen. Und stremmt im Widerstand die Leine. Fünfhundert Gramm auf gegengestemmten Beinen gegen hundert Kilogramm gleichgültige Zugmaschine. Er ist einfach nicht da! Mit „komisch, die beiden" hab ich mich vertan.
Also der kleine Chihuahua ist gar nicht ausgeglichen. – Vorbei. Sie sind vorbei.

Und nach zehn, zwölf Metern krellt der auf seinen Hund: Ausmensch!!
Das: Ausmensch!
Ich hatte die beiden schon vergessen. Schreck – Schreck sagt man so, mir gings viel schlimmer. Dabei war ich nicht mal gemeint.
Was hebt dieses einzelne Ereignis heraus?
Es ist eben gerade kein Einzelereignis. Es ist übliche, tägliche Gewalt gegen Schwächere: Menschen, Hunde, Hündchen, und am Ende, vor dem Verglimmen, klitzekleine Chihuahuas, dauervergewaltigt und entwertet.

Ausmensch! Und mit welcher Wut! „Krellen“ ist zu schwach. Ich habe die Aufgabe nicht gelöst.
Da gehen sie, Ziehender und Gezogener, Herr und Sklave, Hammer und Amboss. Und ich? Ich bin vielleicht nur dadurch besser, dass ich keinen Hund habe.

2003

Jahrhundertmonat

Hinter dem Eisbrecher werden die Schollen unter Knirschen wieder bewegungslos. Das Wasser fließt ja kaum, es ist saukalt und sie vereisen nach kurzer Zeit zu einer neuen geschlossenen Decke. Dann ist Stille.
Nach dem Jahrhundertjuli beginnt der August mit windstiller Hitze. Seen und Flüsse trocknen aus.
Es wird das Schlimmste erwartet. Der Februar soll noch kälter werden.
Nachts sinken die Temperaturen auf minus zwanzig Grad.
In abgelegenen Ortschaften wird schon aus dem Tankwagen versorgt.
Die Schifffahrt auf den großen Wasserstraßen ruht. Die Elbe zum Beispiel ist eine geschlossene Eis- und Schneedecke bis Hamburg.
Das Getreide wird in einem Zug geerntet und untergepflügt. In der EU, heißt es, wird keine Getreidenot spürbar werden.
Die Küstenschifffahrt auf der Ostsee wird eingestellt. In Uppsala wurden minus dreißig Grad gemessen. Auf große Fahrt geht es nur im Konvoi.
In Brüssel wurde um großzügige Unterstützung gebeten.
Die meisten Reichen bleiben reich.
Seit einem Jahr hört man öfter von einem Meteor mit dem Durchmesser Kairos, der in etwa drei Jahren in Erdnähe die Erdbahn kreuzen wird. Die Einschaltquoten sind so hoch wie nie.
Auch dieser Sommer wird zu Ende gehen. Auch dieser Winter wird zu Ende gehen. Hitzetote oder Erfrorene, Kairo ist eine große Stadt.
Vier Wochen vor dem Zusammentreffen wird es hektisch. Börsenwerte steigen und fallen.
Manch einer wird nun arm sein. Wie eine Kirchenmaus. Vier Wochen lang.

2003

Sehr verehrte Herren Grimm

Ich habe mit Erstaunen und Frustration die von Ihnen versammelten „Kinder- und Hausmärchen“ gelesen und bin empört und bestürzt über Ihr konzentriertes Unverständnis der Seniorenprobleme in den Zeichen unserer Zeit. Das Fehlen geringster Hinweise auf unsere Ergebnisse findigen Fortschritts macht Ihre „Märchen“ weltfern und nicht am Platze.
Ich selbst bin geprüfte Altenpflegerin (mit Zertifikat 3) und kann mich über Ihre Behandlung des genannten Personenkreises in Ihrem Elaborat nur wundern. Die erlogene Bewältigung gesellschaftlich-gesamtheitlicher Soziokonflikte erregt meine Verärgerung und Gemütsverfassung. Sie schwenken Illusionen, schaukeln mit Witz Unlösbares zu leicht Lösbarem – Lügenmärchen! Alle! Aus dem Weg gegangen gehören Ihre „Märchen“.
Die wahren Märchen könnten Sie in … Aber ich argwöhne den Nichtbesitz von TV in Ihrer Beschränktheit. Ein freudig aufgelegtes Lied in unserer Kassette (Ein Schiff wird kommen oder Man kann nicht immer 17 sein) – aber das wissen Sie nicht. Das verklärte Summen meiner Patienten straft Ihre Ausführungen Lügen. Der o. g. Personenkreis braucht unsere stationäre Zuwendung. Und von nichts kommt nichts. Davon leben wir selbstverständlich. Das ist wohl die wichtigste Gegenüberstellung.
Was wir mit unseren Patienten tun und lassen, ist immer vorsichtig und kommunikativ. Das ist mit dem Unternehmen so abgesprochen. Unsere Richtschnur ist der berühmte Franzose Robert Freud, von dem wir nicht genug kriegen können, was ja schon sein berühmtes „no bless ob Liege“ andeutet, was ja bekanntlich heißt, dass bei einer Verstauchung nicht lange überlegt werden soll, ob eine Liege zur Hand ist. An diesem Abschweif mögen Sie erkennen, ob ich rein niveaumäßig genau mit Ihnen unter einer Stufe stehe, die mich zu diesem Schreiben veranlasst. Das könnte ich Ihnen gern erklären, indem ich mich aber unterdrücke. Sie scheinen nur deutsch zu schreiben, darum verzeihen Sie mir den kleinen Ausflug in Gebilde außerhalb Ihrer bescheideneren Reichweite.
Ich habe auch keine Kenntnis. Ich weiß ja nichts über Ihre Wohn-, Lebens- und Erwerbungsumstände, Ihre „Märchen“ sind ja in Hamburg rausgekommen, ohne Vorwort, und ich selbst bin ja aus Pasewalk, wenn Sie das überhaupt kennen.
Das sage ich (mit Zertifikat) Ihnen (ohne): Mit Ihrem rückwärtsgewandten

„Es war einmal" krempeln Sie das Jetzt und Heute nicht zurück, wo wir übereingekommen sind, dass eine handfeste stationäre Ruhigstellung Ihrem Drunter und Drüber den Rang abgelaufen hat. Rein geschichtlich und bevölkerungszahlenmäßig mal gesehen.
Ganz wirr wird mir, wenn ich Ihren roten Faden nicht finde, was mir bei meinen Patienten nicht passiert und mich veranlasst, am besten Ihre Geschichten gar nicht erst wahrzunehmen und Sie aufzufordern, an unserem gezielten Gemeinwohl teilzunehmen und Ihre Bemühungen zurückzuziehen, da wo sie hingehören – ich werde gerufen – das ist das Ende – ein Schiff wird kommen in gelassener Hochachtung.

Dorothea Weißes
2003

Über Mode 1

Einer Mode gehorchen ist applaudieren. Moden bestimmen Kleidung, Sprache, Körperhaltung, Lebensgestaltung, Kunst, Literatur, Architektur, Straßenbau … ja, wo bestimmen denn Moden eigentlich nicht?
Dieses Applaudieren ist kein spontaner Applaus wie im Konzertsaal oder nach einem gelungenen Vortrag in der Trimm-dich-gesund-Gruppe. Hier befindet man sich auf eine sehr erweiterte Weise in Resonanz zum Anregenden. Es werden bewusste Erwartungen erfüllt, Erwartungen, die durch Vernunft, oder wenigstens durch Nachdenken, entstanden sind. Moden aber haben etwas Gefährliches, sie bedienen sich emotionaler Steckenpferde und sind der kontrollierenden Vernunft nicht zugänglich.
Gruppenzugehörigkeit – ich komme noch mal darauf zurück. Sie ist ja eine von mehreren Bedingungen für die Existenz als Mensch. Der Sicherheit, die die eigene Gruppe bietet, steht die Gefahr, der ich mich aussetze, wenn eine feindliche Gruppe meine Andersartigkeit erkennt, im gleichen Maß gegenüber. Im Kriegerischen sind Zugehörigkeitsmerkmale lebensrettend. Als Erkennungsmerkmal wie auch als Bindemittel. Im Militärischen genießt einheitliche Kleidung allerhöchsten Vorrang.
Seit grauen Vorzeiten erfüllt Sprache zwei Bedingungen. Sie stellt Verständigung innerhalb der Gruppe sicher und garantiert Erkanntwerden nach

Abwesenheit. Eine Feder kann sich jeder an den Hut stecken. Wer aber so spricht wie wir, der gehört zu uns. Komm rein.

Jeder von uns ist ja (oder fühlt sich als) Sympathisant oder wirkliches Mitglied in zahlreichen Gruppen. Diese Gruppen wiederum sind Realität oder Fiktion. In unserer inneren Welt haben sie in beiden Fällen die Bedeutung determinierender Vorhandenheit. Zugehörigkeit zu einer Gruppe macht stark. Aus diesem Grund sind Moden notwendige gesellschaftliche Erscheinungen. Aber eben: Vorsicht!

Zur Verfügung stelle ich gern den Gedanken, dass Divergenz von ursprünglich einheitlicher Sprache zu verschiedenen Sprachen nicht nur ein zwangsläufiger und vom Willen der Beteiligten unabhängiger Vorgang gewesen sein muss. Sprach- und Sprechwandel können auch ein Akt absichtlicher Veränderung des Vorhandenen gewesen sein. Gruppenfestigende Gebräuche in jenen fernen Zeiten waren lebensnotwendig. Sind es auch jetzt. Moden nennen wir gruppale Bestrebungen, deren Notwendigkeit wir *nicht* erkennen. Sie werden nicht unbedingt Mode genannt. Wenn Mode so genannt wird, stecken Geschäfte dahinter.

In jüngster Zeit kommt die Mode auf, in bestimmten deutschsprachigen Kreisen den seit Lessing, Herder und Goethe gebräuchlichen Essay (französisch, Betonung auf der letzten Silbe) durch den im englischsprachigen Raum durch Francis Bacon in die Literatur eingeführten Essay (Betonung auf der ersten Silbe) auszutauschen. Bedeutungswandel kann ich nicht erkennen. Hier wird nicht ersetzt, was ersetzt werden muss, es ist die Wirkung einer Mode auf bestimmte reaktionsfreudige Schichten; die ersten Züge einer gruppalen Ausflockung. Ohne Manifest zunächst. Die Attraktion besteht in wer weiß was. Vielleicht ist es nur schick. Vielleicht ist es schon Religion.

Ich habe evolutionäre Quelle und Rechtfertigung für Moden gefunden und will dem Heranwachsenden vor mir auf der Straße die Bierflasche gern nachsehen, auf seinem Weg in die Schule. Ich habe nun das rechte Verständnis. Er trägt nicht nur die Flasche, er trägt auch die schwere Bürde des Gruppengehorsams. Ich bin angefüllt mit Mitleid. Mitleid ist allerdings Mode. Helfen nicht, da muss man nämlich vorher lernen: Wie liebt man Trinker?

2007

Über Mode 2

Wir laufen, als Jogger verkleidet, durch den Wald. Morgen gehen wir mit Stöcken, übermorgen ohne Stöcke, aber mit angewinkelten Armen, später hinken wir hundert Schritte im Wechsel, dann kommt eine Zeit, in der wir mit der Nase wedeln, mit einem Buch wedeln, dann wird es schick, ein Buch mit Tragegestell vor dem Kopf zu tragen, dann ist ein bestimmtes Buch vorgeschrieben, dann hält der Zug endgültig in Pisa – nein! Nicht endgültig. Die Entwicklung geht ja weiter. Wohin!

Wir gehorchen und gehören anderen: Moderatoren, Werbetextern und ruhmsüchtigen Machern. Wir tun, was wir tun, weil es „angesagt" ist. Sage keiner, dass der Geschlechtstrieb und der Trieb zur Selbsterhaltung die Nummern eins und zwei sind. Mag sein, das war mal so. Trieb Nummer eins ist Herdentrieb. Nummer zwei ist, nach irgendeiner Pfeife tanzen. Der Geschlechtstrieb ist abgeleitet auf den Genuss von Pornografie, und der Selbsterhaltungstrieb – wer ist denn überhaupt noch er selbst?

Wir sprechen, essen, kleiden uns nach der Mode. Wenn es nur unsere Kinder und Halbwüchsigen wären – die sind ja naturgemäß Suchende, Missbrauchbare. Nein, wir alle sind es.

Dazu die in Mode gekommene Versiechung der Sprache – Gott, oh Gott!

Umweltverschmutzung. Sag ich mal. Herausforderung. Konzertiertes Handeln. Der Verantwortung stellen. Auf dem richtigen Weg … Alles leere Worte. Mitmachworte.

Auf dem Strand, am Meer, haben Wellen kleine Haffs ausgewaschen. Auf ihnen schwimmt Schaum, der sich nur langsam wieder zu Meerwasser zurückbildet. Eine Gruppe von Spaziergängern nähert sich, eine Gängerin bleibt in entrüstetem Erstaunen vor diesem kleinen Schauspiel stehen und sagt das: „Der Schaum, sieh mal! Ekelhaft! Das ist doch wieder sone Umweltverschmutzung!"

Ich lehne ab zu glauben, dass sie weiß, was sie meint.

Sie sagt ein Wort, von dem sie weiß, es funktioniert. Sie ahmt nach. So sprechen Vögel. Sie wüsste es besser, wenn sie wollte. Das Wollen ist abhandengekommen. Durch zu viel Information. Nicht durch zu viel Wissen. Wissen ist nicht Mode. Information ja.

2003

Über Mode 3

Presse und Rundfunk („Massenmedien“) bestimmen die öffentliche Haltung und Meinung. Unabhängig von ihrer Qualität. Sie sind Öffentlichkeit. Was öffentlich gebräuchlich ist, ist, zunächst für eine unbestimmte Zeit, verbindlich.
(„Gebräuchlich“ ist Gewohnheit mit unbestimmter Dauer. Öffentliche Brandstiftungen, öffentliche Gewalt an Menschen sind noch nicht „gebräuchlich“ und also noch nicht verbindlich. Aber öffentlich wird, und von der Öffentlichkeit bereits akzeptiert, Brutalität schmackhaft gemacht.)
Was ein Volk will, wonach es trachtet und sich vielleicht sogar sehnt, spiegeln die (Massen-)Medien wider. Diese Wechselbeziehung zwischen Meinungserzeuger und Meinungsverbraucher ist ziemlich stabil und gehorcht Gesetzen. Ein Gesetz lautet: Angestrengtes Erwerben von Wissen ist anstrengender als dösiger Verzehr von Vorgekautem. Wenn also Medien leichte Nahrung verabreichen, liegen sie im Kampf gegen andere, die mühevolle Denkprozesse anregen wollen, leicht, schnell und dauerhaft vorn. Wenn Verblödung wegen Unterernährung einsetzt, ist der Sieg sicher. Die Verabreicher werden favorisiert, ein geschlossener Wirkungskreis auf energetisch geringstem Niveau bildet sich, in den Fremdes nicht mehr eindringt. Schulen sind, nur als Beispiel, sowas „Fremdes“. Alles, was mit Schule zu tun hat: Lehrer, Lehrpläne, Schul-„Systeme“ …, ist wirkungslos, weil ja Kinder, Lehrer, Eltern, Nachbarn – wer denn eigentlich nicht? – rechtzeitig vors Fernsehgerät gesetzt wurden oder längst davorsitzen. Oder Antenne Brandenburg hören.
Vorbei, vorbei, Deutschland! Und guten Appetit bei leichter Kost!
Weint da einer? Übers Pisazeugnis? Es sind Krokodilstränen.
Krokodilstränen weinen ist Mode. Das macht stark im kollektiven Krokodilsschmerz: dass man auf dem Laufenden ist und mit der Mode geht.
Einem Fragenden von einem anderen Planeten würde ich sagen: Moden – Moden sind bei uns auf der Erde sehr in Mode gekommen.
Aber – dass Leute auf ihren Jacken den Aufkleber „Schützt die Wälder“ tragen, ist doch schön, oder? Wälder schützen ist doch vernünftig.
Aufkleber tragen ist gerade Mode. Wälder schützen ist gerade Mode.
Keine wirklich schädliche, das muss ich zugeben.

2007

Kalte Küche

Es ist kalt geworden. Die Finger sind klamm. Die Heizung hinter mir heizt. Das ist bei offenem Fenster für die Katz und nicht abstellbar. Frostschutz. Warum sitze ich hier? Nachts ist es schön. Ringsum wird geschlafen, selten höre ich einen Autolärm.
Noch seltener ist es auf dem Wasser laut. Ist ja Winter. Dann fahren nur die langen Schubeinheiten vorbei mit Kohle fürs Kraftwerk.
Lietzen vor dem Fenster, deren Rufen wie ein Knall ist.
Und morgens, wenn du sagen wirst: Ich war da, aber er war nicht da. Morgens, wenn der Schlaf so tief ist wie eine Vorwegnahme.

2004

Wärmere Küche

Es ist halb drei, nachts, und ich werde von nachtaktiven Tieren umflogen. Eine gewaltige Menge kommt von draußen hierher ins Licht, Drosophila kommt von drinnen.
Wer Äpfel hat, hat auch Drosophila. Günter hat mir Falläpfel mitgebracht.

Alle sind mir lieb. Die Flieger, unter denen im frühen Juni eine ganz und gar stumpfsinnige Art vorherrscht, deren Hin- und Herfliegen um die Lampe kein anderes Ergebnis hat als den frühen Tod durch Übermüdung, und die Spinnen, die bei mir ihren Wohnsitz haben.
Zwischen den Stäben der kleinen IKEA-Lampe auf dem Küchentisch hat eine ganz junge Kreuzspinne ihr Rad aufgespannt. So klein sie noch ist, das kann sie schon vollendet. In vier Wochen wird sie ihre Endgröße erreicht haben, das Angebot an Lebensmitteln ist groß.
Und ich? Bin ich auch – groß? Nicht nur das.
Ich wäre Gott, den sie sich ausdenken würden, wenn sie denken könnten. Ich bin gut zu ihnen, mächtig und wohlwollend, wenns nicht zu bunt wird. Sie würden mir Kathedralen bauen und zu mir beten.
Auch Widersprecher gäbe es: Wo ist er denn, euer Gott? Na? Es gibt ihn nicht, basta!

Sie hätten keine Chance. Sie nicht und nicht die Gläubigen, mich je zu erfahren. Es fehlen die notwendigen Verknüpfungen zwischen den Ganglien.
Wie es uns ja auch nur geht, sinngemäß.
Morgens sammle ich mit dem bunten Feudel die Spinnen von den Wänden, vor allem aber von der Decke, und drehe sie vor dem Balkongitter ins Freie. Später, sehr, sehr viel später könnten sie ihre Mythen drucken und darin stünde

… und es kam eine mächtige bunte Wolke und warf uns hinaus.

Jedes wöchentliche Auskehren wird für die Betroffenen das erste Mal sein. Das ist immer eine Generation. Ein Zehnhochzwanzigstel aller Ereignisse wird tradiert

… warf uns aus dem Paradies.

Ich bin kein Gott. Aber in einigen Welten bin ich wie Gott.

2003

Zugbrücke bitte beim Schleusenwärter melden

Und was das Schärfste ist: Das Schild steht mit dem Rücken zur Zugbrücke. Was denkt sich der Schleusenwärter? Die Zugbrücke soll zu ihm kommen? Die achtzig Meter kann er ja wohl auch zu ihr gehen.
So Schilder in Versuchsdeutsch gehen meistens daneben. Bei mir hier, in Schöneweide, wird sowas alles auf Englisch geschrieben. Versuchsenglisch, versteht sich. Viele sprechen noch Deutsch.
Der obige Aufruf erscheint wie der Versuch einer Ellipse. Das ist nun wieder ehrenwert. Gute Ellipsen brauchen, ehe sie sich setzen, Jahrzehnte. Dem Schleusenwärter auf dem Holzweg könnte einer empfehlen, Deutsch zu lernen, und erst dann vor Publikum zu probieren.
Kürzlich begegnete mir eine andere, spontane Ellipse. Ich war mit dem Rad

auf dem Friedhof und eine Dame, nun ja, eine Frau, ruft mir hinterher: Friedhoffahren verboten.
Ich vermute, sie meinte damit, ich solle noch lange leben und die letzte Fahrt auf den Friedhof meiden. Gut gemeint. Verbieten aber, verbieten kann sie diese letzte Fahrt nicht. In Deutschland haben wir ja die Friedhofspflicht. Soll auch sie lange leben, die liebe Dame, mit Fahrrad oder ohne.

2008

Kein Bein im Auge

Vor fünf Tagen ist mir was ins Auge geflogen. Nichts zu machen. Reiben nicht und Eigenspülung nach Umschleimung hat vielleicht eingesetzt, aber nicht aufgeräumt.
Dann ging ich zur Ärztin. Dann war es vorbei und sie fragte: „Haben Sie einen Vogel?"
Nein, ich habe keinen Vogel. „Nämlich", sagt sie, „das ist eine Spelze. Vögel werfen sowas rum."
Kein Insektenbein, sondern eine Spelze. Sieh an.
Ansehen kann man die Spelze im Auge keinem.
Mit Brigitte war ich bei Werchow in den Pilzen. Letzten Herbst. Da fanden wir Kühe. Auf einer Wiese mitten im Wald. Brüllende Kühe, kein Mensch zu sehen.
Ihr Herr Besitzer wird einen Erstjob haben. Irgendwo, da kommt er erst abends. Wegen der Milch. Ist nicht auf Du und Du mit den Kühen. Zweitjobobjekte. Arme Schweine. Früher, ja früher –.
Kühe hatten Namen. Verbreitet war „Hanna".
Hanna, warum brüllst du? Hast du eine Spelze im Auge?
Hanna ist jetzt einfach Kuh 9 und brüllt vor Schmerz.
Vielleicht sind sie ja auch der Erstjob, und der Herr denkt auf dem Heimweg aus seinem Callcenter: Mann! Die Kühe! Wenn die nur nicht immer so brüllen würden. Ich fahr schon gar nicht mehr gern hin. Aber die Milch.

2008

T & I

Sie sind in Sicherheit.
Isolde spielt mit dem Saum ihres Kleides. Tristan ist am Feuer beschäftigt. Viel Witz und Sorgfalt sind nötig, damit es über Nacht nicht ausgeht. Regen ist die größte Gefahr. Tristan benutzt all seinen Scharfsinn. Wird er dafür bewundert? Kaum. Ist Männersache.
Wochen sind vergangen seit ihrer Ankunft. Es ist eine Lüge, dass der Alltag die Liebe tötet. Tristan ist ein großer Held, und Isolde fühlt große Liebe. Aber alles ist gesagt, nichts überrascht. Er wird zur Nacht auf ihr liegen, wie jede Nacht, sie wird, wie jede Nacht, mit seinem Haar spielen, danach, und einschlafen.
Früher, um diese Zeit, ging es noch hoch her bei Hofe, ja früher. Das Kleid löst sich auf, und was hatte ich für Kleider, oh, was für Kleider – wieso hatte? Hab ich ja noch! Brangaine wird sie tragen, wird sie nach und nach auftragen, das ist doch kränkend, ich bin doch nicht tot!
Zur Nacht also, die Gegenstände sind geordnet, die gewohnte Umarmung, das Einschlafen …
Am nächsten Tag keine Abenteuer, nichts Außergewöhnliches. Tristan hat einen Hasen geschossen. Er bereitet ihn zu, er macht das, er kann das.
Ein paar Tage später sagt sie: Ich muss zurück. Die Decke fällt mir auf den Kopf. Wir können nicht ewig so leben.
Nun ja, schon, schon, aber wie?
Sie bereiten es so vor: Tristan provoziert die Suche nach ihnen. Macht erkennbar, wo sie sich aufhalten. Und während des Schlafens liegt sein Schwert zwischen ihnen. Es läuft ab wie geplant. Wir wissen das alles.
Was ich sagen wollte, hab ich gesagt: Liebe braucht Nahrung, abwechslungsreiche. Wahre Liebe schon, blinde erst recht.
Sie haben's danach wieder sehr abenteuerlich. Sehr, sehr, sehr erregend und mutwillig. Dann wachsen zwei verschlungene Rosenstöcke auf ihrem Grab.

2003

Netzwerk

Netzwerk macht stark

Wenzel hat Ischias und geht mit Schmerzen zur Straßenbahn. Ingo hat Carmen und geht mit Carmen zur Straßenbahn. Die verspätet sich oder kommt vielleicht gar nicht. Dadurch trifft Wenzel Tobias. Ingo und Carmen wohnen weiter weg und treffen ein. Tobias ist früher mal Carmens Schwarm gewesen, hat aber Katja geheiratet. Tobias grüßt Carmen, dann Ingo. Ingo ruft Wenzel, der jetzt herzukommt. Wenzel, sagt Ingo, du machst ein Gesicht. Carmen holt ein Spiegelchen aus der Tasche und beurteilt ihre Ausstrahlung. Carmen, denkt Wenzel, Carmen war auch mal hübscher. Die Straßenbahn kommt. Es ist die falsche. Ingo, Tobias und Carmen steigen ein, werden aber hinter dem Postplatz wieder aussteigen müssen. Wenzel ist jetzt wieder allein und macht das Gesicht von vorhin. Jochen kommt vorbei, dann erst Herbert, der Jochen aber nicht mehr sehen kann. Jochen kehrt von irgendwo zurück, sieht Herbert und sagt „Herbert“. Beide bemerken jetzt Wenzel, gehen zu Wenzel und sagen „Wenzel“. Wenzel grüßt zurück, hat aber drüben vor einem Schaufenster Jennifer bemerkt. Betrunken. Wenzel sagt daher „Tja, ich muss“ und geht (und hat Schmerzen) unbestimmt zu Jennifer, die jetzt auf betrunken erstaunte Weise eine unsichtbar hinter der Scheibe lauernde Bedrohung abwehrt. Roy würde sagen „typisch“. Roy, der was übrighat für Jennifer. Wenzel sieht auf Jennifer herab. Sucht aber auch ihre Nähe. Jetzt lacht Jennifer in das Schaufenster, und Wenzel sieht es jetzt auch. Herbert und Jochen kommen herüber und sehen es endlich auch. Und, Zufall? Roy steht überraschend neben Jennifer und sieht es auch. Nachher gehen Jochen und Herbert zum Goldenen Hahn, Roy bringt Jennifer nach Hause und Wenzel geht wieder zur Straßenbahn.
Ingo und Carmen wird er erst Freitag wieder sehen, Tobias wird am späten Nachmittag noch mal vorbeikommen.

2009

Über Enge

Geschwätzigkeit ist eine Krankheit. Andererseits hat sie was Gutes: Sie hält gesund.

Großherzig nächstenlieb nehmen wir sie beim Nächsten hin. Wie Durchfall oder üblen Körpergeruch. Beim Nächsten! Steht der uns wegen Nichtverwandtschaft oder biographischer Unverbundenheit ferner, ist Abneigung vertretbar. Wir lassen ihn links liegen. Wir lassen ihn nicht fallen, er liegt ja. Geschriebenes Geschwätz ist lästig.

In einigen Fällen kann es allerdings was Bestechendes haben. Shakespeare, zum Beispiel, *hat* bestochen.

Die Erstbegegnungen haben Hochstimmung bewirkt, beflügelt vom Bildungshunger eines gebildeten Kontinents, *vor* der Zeit profitgeiler Massenmedien. Deren heutige Allgegenwart lässt unschuldiges Hochgefühl nicht mehr zu. Sie peitschen auf, beim geringsten Wittern von Morgenluft, zu Hysterie und Pseudobegeisterung, Fanatismus und kultischen Fanatikerklumpen mit Satzungen und grundgesetzlichen Grundrechten.

Innergesetzlich leiden die Klumpen unter Durst, Lärm nach innen und außen und Gier nach Verewigung.

Während das Ver*klumpen* der Tagesmode gehorcht, gehorcht das Ver*klumpte* nur sich selbst. Massenautismus! Nie gehört. Aber unüberhörbar.

Und die Kunst? Wie geht's der Kunst?

Der gedruckten Literatur zum Beispiel – die Verlage haben auf Masse gesetzt und Wertmaßstäbe großzügig reduziert. Auch Verlage wollen leben. Zu viele neue Medien. Zu viel Gebimmel. Zu viel Geschwätz.

So entstehen, wie Metastasen des Nichts, Auswegliteraturen, Unglaublichliteraturen, Best-of-no-name-Literaturen … immer gefolgt von Klumpen, sich verklumpenden Klumpen, so unverhinderbar wie Strudel hinter einem Schiff.

Ausweglosigkeit auch in der Musik, den bildenden Künsten – mit einem Wort: Es ist ein Gedränge. Und, natürliche Folge: ein Dauertsunami aus „Kunst" erstickt die Freude an ihr und den Genuss. Und der Teufel weiß, was daraus wird.

Andererseits – nimm aus der Menge aller „Kultur"-Erzeugnisse alles Anrüchige heraus, da stellt sich schnell Armut ein. Leere Stühle, unbeleuchtete Dirigenten und Buchhandlungen for sale. Das ist auch wieder nicht schön.

2010

Was gelernt

Von einem Stein erwarte ich nicht mehr, als von einem Stein erwartet werden kann: Bewegung nur durch Rempeln.
Von einer Schildkröte, die ich für einen Stein halte, erwarte ich, was ich von einem Stein erwarte. Geht sie weg, ist es eine Schildkröte.
Wenn ich Stein bin, ist die Welt einfach. Ich verwittere problemlos und höre Erdwürmer auf dem Umweg um mich, der ich, bedeckt mit Erde oder unbedeckt, keinem sonst im Weg bin.
Wenn ich Schildkröte spiele, ist die Welt schon komplexer. Da muss ich Spielregeln kennen.
Wenn ich Mensch spiele (eine Rolle, in der schon Bessere alt ausgesehen haben), muss ich Erwartungen erfüllen.
Die Hauptaufgabe des Menschen ist: Erwartungen erfüllen.
Sprechen, zuhören, zustimmen.
Ich stimme immer dem Falschen zu, dir aber, teure Herzdame, kann und will ich nie und nie widersprechen.
Manchmal fragst du: Du kuckst so schief.
Ich muss was sagen. Die Auswahl ist klein, ich sage: Unkleidsam!
Dann geschieht Stille.
Ich versuche, du zu sein und zu finden, was du findest: Auf so eine Antwort gibt es keine Antwort.
Ich verstehe. Ich bin ja kein Stein.
Das ist kein Zufall.
Ich lerne.
Auch aus diesem Text. Das: Wenn ich schon kucken muss, dann nur unschief!

2007

UPS

Is was?
Ach wo. Nein.
Sie haben ups gesagt, eben, zu Ihrer Tochter.

Das ist nicht meine Tochter. Was geht Sie überhaupt meine Tochter an?
Was bedeutet ups?
Na, Sie sind einer. Sie sehen doch. Die Stufen – und der Kinderwagen – sie will alles allein machen, aber die Stufen – ich habe ein bisschen geholfen, sehen Sie, so, (hebt den Wagen auf eine weitere Stufe und sagt) ups, wieder ein Stück.
Verstehe.
Und jetzt die letzte, Silva-Manon, ups, siehst du, geschafft.

2011

Fugale Egophobie*

Zum Ausbruch kommt sie durch überdosierte Stille. Angst vor Stille ist also durchaus begründet. In meiner lärmgesättigten Welt, meint der verbreitete Nichtwisser, kann sie gar nicht ausbrechen.
Fugale Egophobie ist der Extremfall. Die Vorstufe ist der vielleicht ebenso gefährliche Selbsthader, ein ungern erfahrener Bewusstseinszustand mit üblem Ausgang. Kann sich zu Selbsthass entwickeln und zum Hass auf alle, die mit dem Befallenen falsch umgehen.
Medienwirte (jetzt endlich anerkannter Beruf) haben doch, sagt der verbreitete Nichtwisser von oben, schon immer, na ja, nicht als solche, und mehr im Verborgenen – mit einem Wort: Ich habe doch recht. Was läuft da schief?
Der Nichtwisser weiß gar nichts. Aber der Fachmann.
Der spricht schon, ungefragt: Da läuft gerade nichts schief. Wir sind auf dem besten Weg. Die Welt ist eben nicht lärmgesättigt, das ist eine große Herausforderung, sage ich ganz offen. Das endlich anerkannte Berufsbild ist nur der Fuß in der Tür, mehr nicht. Ein Zweig der Medienwirtschaft ist die Lärmwirtschaft, ein Schwerpunkt unserer Bemühungen. Richtig bewirtschaftet, ist Lärm eine wahre – nun ja – Goldgrube, kann man so sagen. Ich denke da, zum Beispiel, an die öffentlichen Toiletten, die belärmen wir wirtschaftlich mit günstigen Auswirkungen auf – ämm – ja – sanitäre Behaglichkeit und unseren Haushalt. Es ist eine alte Erfahrung, dass Händel Lärm sein kann, Mahler oder das beschauliche Flappen herbstlichen Fall-

obstes ebenso. Das ist unsere Aufgabe. Wir machen, und das mit allem Ehrgeiz, alles zu Lärm. Und darüber hinaus regen wir, das erreichen wir durch Vorträge, Lesungen, regen wir den einfachen Mann von der Straße, ein Faktor hoher volkswirtschaftlicher, ja lärmwirtschaftlicher Bedeutung, zum unentwegten – ich meine damit: Wir verwalten den Lärm, wir bewirtschaften den Lärm, erzeugen aber müssen ihn andere. Das alles steckt noch in den Anfängen.
Eine Statistik, von der ich nichts anderes sagen kann, deutet darauf hin, dass Fälle von Fugaler Egophobie, das ist ja Ihre Überschrift, nun, der alte Glaube, Stille sei wünschenswert, geht ja immer noch um, richtig hingegen ist: Stille ist schädlich. Das setzt sich durch. Stille ist gefährlich. Angst vor Stille ebenso. Sie lassen sich vermeiden. Jeder von uns ist ja stets von geeigneten Lärmerzeugungseinrichtungen umgeben, die bei Anzeichen einsetzender Angst einfach – benutzt werden müssen. Da sind wir auf dem richtigen Weg, sagte ich ja schon. Aber gehen, gehen müssen ihn andere.
Was ist denn das! Muss der mich jetzt volldudeln, der Schweinehund?
He!! Mittagsruhe, du Sau!!
Und Sie, gehen Sie jetzt. Und hauen Sie dem Arschloch da aufs Maul.

2007

* *Ichflucht, schwere Krankheit, schlechte Prognose*

Zu viele Warums

- Warum lesen wir überhaupt? Gute Frage, Herr Espenreuter, was?
- Ah – gut, dass Sie mich erkennen. Ich dachte, Sie dächten, ich sei der – na, wie heißt der noch – der
- Bringer?
- Nein, nicht der! Der
- Weiß schon! Der mit der
- Ja der!
- Sind Sie nicht. Wusstich gleich.
- Wie war Ihre Frage?
- Warum
- Ah ja! Warum – warum, warum … zu viele Warums!

– Rumms, da ging die Pfeife los.
– Ha! Sind Sie immer noch Autist?
– Ich bin jetzt Zusteller.
– Hab ichs doch geahnt! Zusteller. Alle werden jetzt Zusteller oder Ansetzer.
– Oder Bestseller.
– Aber Sie nicht.
– Nein. Schreibe nicht mehr.
– Ihre Frage, ja?
– Ja.
– Also – gute Frage. Wirklich.
– Freut mich. Und?
– Was und! Sie ist gut.
– Ich meine
– Wirklich gut. Ja!

2011

Das ist es ja

– Das ist aber schön.
– Was spricht zu meinen Gunsten?
– Sowas auch! Immer nur du.
– Du meinst nicht mich?
– Nicht immer! Wirklich nicht immer!
– Ich habe – nein, das wäre was über mich.
– Was hast du?
– Was ich habe? Nichts. Warum?
– Na, weil du gesagt hast: Ich habe …
– Ah! Da hatte ich gerade was verbogen.
– Was denn?
– Den – soll ichs sagen?
– Sag schon.
– Den – nein, nicht verbogen: verloren!
– Was denn!

– Also – das hat sich eigentlich schon erledigt.
– Wieso aber war es eben noch erwähnenswert und jetzt nicht mehr?
– Da weiß ich keine Antwort.
– Aber irgendwas war es doch.
– Schon, ja.
– Und was?
– Den Zettel.
– Den mit dem
– Ja den.
– Ist doch nicht schlimm.
– Hab ich das gesagt?
– Wir schreiben einen neuen.
– Hab ich schon gemacht.
– Und? Genauso?
– Ja. Zuschnitt verboten.
– Was fürn Quatsch!
– Nein, Zugriff verloren.
– Wirklich sowas?
– Jetzt steht aber drauf: Zutritt verboten.
– Und was soll das?
– War nur n Gedanke. Kann man immer gebrauchen.
– Was du dir so ausdenkst.
– Kann doch aber nicht schaden.
– Also es gibt wohl Wichtigeres.
– Was? Sag mir ein Beispiel!
– Du nun wieder.
– Bitte!
– Da ist so vieles.
– Vielleicht alles?
– Ja alles.
– Das mag sein. Alles ist wichtiger. Alles ist aber nicht wichtig.
– Immer deine Haarspalterei.
– Sie sagt Haarspalterei.
– Na ist doch wahr.
– –
– –

– Wie komm ich da raus?
– So bist du eben.
– –
– Liegst du gut?
– Ich liege richtig.
– Ich meine, tut dir was weh?
– Wenn ich *das* nur wüsste. Das ist es ja.

2011

Dysfunktionen

Ich bin ein armes Schwein und Kassenpatient.
Der Urologe, vor dem ich gerade sitze, ist kein armes Schwein und Herr über mein urogenitales Befinden, zum Beispiel die erektile Dysfunktion, über die ich mit ihm sprechen musste.
Er ist nicht bei der Sache. Kuckt auf seinen Bildschirm, tippt, zieht aus dem Drucker die Rechnung und legt sie mir hin. 97,86 Euro für eine Konsultation.
Zahlen Sie in bar oder mit Überweisung?
Ich habe keine Wahl. Ich brauchte einen Arzt, nun rette ich ein Unternehmen.
Ich rette gern. Ob ihm allerdings die 97,86 Euro helfen können, ist offen.
Irgendwie ist das ein solider Handel: Ich kaufe Wartungsarbeiten an meinem urogenitalen Apparat (ein Luxusgegenstand, das sagt mir der Preis), sorge aber andererseits dafür, dass noch viele weitere solcher Apparate gewartet werden können, und werde außerdem ein weiteres Mal dafür geliebt, dass ich Zahlemann bin.
So auch in der Augenklinik, einem vergleichsweise sehr hochgerüsteten Unternehmen. „Die Netzhaut ist gefährdet. Da müssten wir ein GDx machen. Das tragen die Kassen nicht. Sind Sie einverstanden?"
Soll ich? Den Luxus gesunder Augen will ich mir leisten. Ich bin einverstanden. Solche Geräte sind teuer und können nur durch Patienten bezahlt werden, spricht die Ärztin (fest angestellt) und bittet um Verständnis. Verständnisvoll bitte ich um die Rechnung.

Zu viel Verständnis schwächt allerdings das seelische Immunsystem. Die schwere Verständnisbürde kollabiert überraschend zur unerträglichen Last manischen Mitleids, und ärgerlich wählt man diese ärgerlichen Zahlungsaufforderungen immer wieder aufs Neue.
Ich war am Ende, als ich hören musste, dass die altruistischste Branche, die man sich denken kann, großartiger und nächstenlieber, als es ein einzelnes Unternehmen mit medizinischem Personal auch nur annähernd sein kann, die deutsche Rüstungsindustrie, immer noch nicht über den undankbaren dritten Platz in der Welt hinausgekommen ist. Ich befürchte das Schlimmste. Hier wird hart am Hungertuch genagt. Wie soll das weitergehen? Wie kann so viel Opfermut jemals belohnt werden? Es gibt einfach nicht genügend Patienten (um im Bild zu bleiben), um eine so große gesundheitsfördernde Einrichtung auf Dauer zu sanieren. Die Rüstungsindustrie unterstützt die Herstellung von Patienten, das liegt in ihrer Natur, aber es gibt da diesen bedauerlichen Widerspruch zwischen nationalem Bemühen mit nationalen Kosten und internationalem Ergebnis, von dem auch Fremde profitieren.
Ich ahne, dass ich dem Phantom Globalisierung, langsam zwar, aber überraschend, auf die Spur komme. Wenigstens ahne ich, woraus sie besteht: aus völkerverbindendem Streben nach immer neuen Kriegen und immer neuem Profit aus ihnen. Wir potentiellen oder wirklichen Patienten sind das Fundament, das sollte uns stolz machen. Wir sind noch unter den Schaben. Das ist doch was.
Ich lebe in der schönsten aller bisherigen deutschen Welten. Alle lieben mich und wollen das Beste. Manchmal ist mir nach Weinen.
Ein Mann muss auch weinen können. Gründe gibt es viele. Erektile und andere Dysfunktionen.

2011

Weltbild

Der Mensch strebt nach Erkenntnis. Das ist ein schöner Satz und hebt den Menschen an.
„Jedes Lebewesen strebt nach Erkenntnis" hebt den Menschen nicht an, weil Plattwürmer auch Lebewesen sind. Ist der Satz wahr, oder nur Ekstase?

Welt – Weltbild

Ein Teil der Welt ist die Dame mit dem Hündchen, die eben aus der Apotheke tritt. Ein plausibler Vorgang. Hier sind Damen keine Seltenheit. Sie sieht sehr gut aus (das ist erfreulich, auch für sie), und ich bin nicht veranlasst, andere als angenehme Gedanken zu haben.
Sofern die Dame einen Rüssel hätte, wäre mein Weltbild gestört. „Gestörtes Weltbild" ist ein unbehaglicher Zustand und löst intellektuelle, psychische oder physische Such- oder Fluchtbewegungen aus, die so lange andauern, bis eine Deutung plausibel erscheint und wieder innere Ruhe und Ordnung herrschen. Oder (häufiger Fall) ich nehme den kürzeren Weg, notiere inwendig die Unlösbarkeit eines Problems und habe mein Weltbild, sagen wir, erweitert. Ohne Leiden. Unlösbare Rätsel gehören ja dazu. Siehe weiter unten: verstandenes Nichtwissen.
Die Plausibilität meines Weltbildes oder die Suche danach sind die Gewähr für die Intaktheit meiner Identität. Geht die verloren, oder wird sie erheblich gestört, gehe ich mir selbst verloren. Ich gerate wenigstens in eine bedrohliche Lage durch Desorientierung, Verirrung, Verhaltensfehler, in schlimmeren Fällen Entgesellschaftung.
So gesehen, sind innere „Ruhe und Ordnung", im obigen Sinne, und intakte Identität oder „plausibles Weltbild" aufs Engste verwandt.
In diesem Sinne hat das Pferd ein Weltbild, die Meise hat eins, die Kröte, der Plattwurm, die Amöbe und das Bakterium. (Ich übersehe nicht, dass die Bezeichnung „Weltbild" von Stufe zu Stufe nach unten fraglicher wird. Ich will aber nicht auf der Suche nach einem geeigneteren Wort die Entwicklung meiner Überlegungen abbrechen. Der Inhalt der Bezeichnung ist wesentlich, nicht das Wort. Das gilt sinngemäß auch für „Flucht", überhaupt für jede Bewegung der Suche nach „besseren" Bedingungen, schließlich auch das Sichtotstellen, die Flucht ins Unauffällige.)

Bei Lebewesen mit entwickeltem Zentralnervensystem wird intellektuelle Suche vorherrschen. Mit abnehmender Komplexität werden chemisch-physikalische Such- und Fluchtreize dominieren.
Ich halte dieses Such- und Fluchtverhalten für ein objektives Verhaltensgesetz, das für jedes Lebewesen gilt.
Was ich hier schreibe, ist ein Teil meines Weltbildes.
Zu meinem Weltbild gehören weiter meine Überzeugungen, Kenntnisse und Erfahrungen, das Wissen und das gewusste Nichtwissen, beide verstanden oder nicht verstanden, ihre Reichweite und das Wissen und gewusste Nichtwissen davon, was ich mit ihnen anfangen könnte oder sollte oder nicht kann. Zu meinem Weltbild gehört ferner die physische Welt um mich herum (sofern ich sie wahrnehme), und alles von der Welt, was ich vom Hörensagen kenne oder aus Büchern, Bildern ..., die Menschen, sofern es direkte oder indirekte Begegnungen zwischen ihnen und mir gibt, und das Wissen um das Wissen und Nichtwissen, das andere haben und von dem ich weiß, dass sie es haben.
Die Welt ist in meinem Hirn, und so nur in *meinem* Hirn. Sie ist eine von mir *erfundene* und unentwegt sich ändernde „große Hypothese" von der Welt, *mein* Bild von ihr, mein *Weltbild.*
Aus allem schließe ich, dass Suche und Herstellung eines „Weltbildes" der stärkste (möglicherweise der einzige) Antrieb zu intellektueller Tätigkeit, oder genauer: zum Streben nach Wissen und nach innerer Ruhe und Ordnung sind. Plausibilität ist nichts anderes als subjektive Glaubhaftigkeit, Verstehbarkeit, Benutzbarkeit.
Komprimiert:
Ich lebe in einer objektiv existierenden Welt. Von dieser sind mir kleine Ausschnitte zugänglich. Manches in ihnen verstehe ich, das meiste verstehe ich nicht. Wenn es plausible Gründe fürs Nichtverstehen gibt, ist mein Weltbild intakt. Wenn ich das Nichtverstehen nicht verstehen kann, dann bastle ich mir Hypothesen, und die Welt ist wieder in Ordnung. Oder, wenn ich immer noch unruhig bin: Ich fliehe in Desinteresse.

2012

In Ewigkeit Amen

Es ist nicht weit zur Straße. Herbstlich warm weht letzter Wind über Gräser und Kräuter, ein Auto hält an.

- … schon mal jesacht das geht dich nichts an treibs nich zu
- Du hast mir gar nichts zu sagen, grade du nich!
- Ich hab dir nichts zu sagen? Ich wisch dir eine wie mich das ankotzt.
- Du kotzt mich am meisten an, in deiner brutalen Hilflosigkeit kotzt du mich so an, du –.
- Ich bin hilflos sag das noch mal du Ekel ich bin hilflos?
- Ich sags immer wieder bis ich dich nie mehr sehe, deine Fresse, dein Schreien, du bist mir soo … *(ansteigend)*, hau ab! Hau endlich ab!

Sie sind weitergegangen, ich kann jetzt nichts mehr verstehen.
Es ist wieder still.
Wie es wispert, wie es zirpt und schabt – du bist mir so, du bist mir soo (ansteigend, schon besser), hau ab, hau ab, hau ab …

2012

Dunkles Loch nach dem Lärmen

Mit einer gemochten Dame, die in diesem Buch nicht vorkommt, außer an einigen Stellen, Brigitte eben, war ich eines Tages im Zoo in Eberswalde. Nebenbei gesagt ist die Bekanntschaft folgenlos geblieben. Schade drum, aber so bin ich leider. Ich wäre hier und da gern anders. Nicht geändert. Ändern dauert zu lange.
Im Zoo in Eberswalde hat die Verwaltung einen erregenden Münzschlucker aufgestellt. Ein hyperbolischer Trichter, groß genug, dass der erquickliche Vorgang des Abhandenkommens lang genug dauert, wird mit einer Münze gefüttert. Dazu findet man am oberen Rand eine schlitzförmige Startbahn mit Gefälle. Die eingelegte Münze rollt heraus, rollt, spiralig kreisend, immer tiefer, immer schneller und lauter auf immer engeren Bahnen bis zum dunklen Loch und, platsch, landet im Sammelbehälter.

Stille.
Im Weitergehen geht mir durch den Kopf: Auf einer Ebene könnten wir ewig leben. Aber unvermeidlich geraten wir früher oder später in den Trichter. Des Ameisenlöwen, murmelt die Ameise.

2004/2006

Tag der Unke

– Wie macht eine Unke?
– *(imitiert eine Unke, dann)* So!
– Das war – hier sind Unken.
– Das war ich.
– Quatsch! Also dass hier Unken sind!
– Das war ich!
– Unken! Denk doch mal! Im November! Vielleicht warme Quellen?
– Also
– Komm, wir suchen. Du da lang, ich da drüben.
– Das ist doch – na schön, suchen wir Unken.
– *(sie trennen sich, streben auseinander)*
– He! He, wo bist du!
– *(dumpf, aus einem tiefen Loch)* Hol mich hier raus!
– Wo denn! Rufe immer, ich finde dich dann: Still! Jetzt nicht! Eine Unke.
– *(schwächer)* Das war ich.
– Quatsch!
– *(mit letzter Mühe)* Ich kann nicht mehr. Ich
– Warte, gleich seh ich sie.
– *(kaum noch hörbar)* Mmmpffff.
– Die *sind* aber auch scheu.

2013

Oder Frösche

Wie sehen Frösche, die doch immerhin Augen haben, die Welt, wenn sie nur Bewegtes sehen können? Keine Ahnung. Oder – Ahnung vielleicht schon, genaue Kenntnis natürlich nicht. Wie denn auch! Es sind Frösche! Sie finden ihren Weg, solange sie sich bewegen (dabei bewegt sich ja die Welt relativ zu ihnen). In Bewegungslosigkeit, sollte man meinen, sind sie blind. Sollte man meinen. Frösche mögen das anders sehen. Die Welt ist ja nicht nur Sicht. Ich jedenfalls möchte mich nicht nach jeder Bewegungspause von neuem verorten müssen. Genügt ein Kopfschütteln? Gut, das sind Lurche. Wir anderen, wir Nichtlurche, haben den Durchblick. So? Haben wir den? Wer nichts gelernt hat, hat ihn immer. Durch Lernen geht er verloren. Wer jetzt rast vor Missbilligung, soll bedenken, dass ich recht habe.
Dein erstes bewusstes Wissen ist ein isoliertes Körnchen Kenntnis, aber Weltkenntnis. Durch Lernen eignest du dir weitere, schon nicht mehr isolierte Körnchen an, größere, kleinere … Granulat … Mischgranulat … Mit jedem neuen Korn bilden sich neue Beziehungen zwischen Körnern heraus, über die du früher oder später die Übersicht verlierst, den Durchblick der ersten Stunde des ersten Wissens wirst du nie mehr haben. Dein Nichtwissen wächst schneller als dein Wissen. Darum ist das oben Gesagte richtig, und den Vielwisser kann ich verstehen, der in einem lichten Augenblick erkennt: Jetzt weiß ich gar nichts mehr.

2014

GU

Die Urknallhypothese – bestechend, plausibel und unreligiös. In Millionen Jahren wird dieser Glaube Wissen sein oder asymptotisch nie oder Schrott zugunsten einer anderen Vermutung. Sicherlich, der Mensch *ist* befähigt, der Natur so lange über die Schulter zu schauen, bis er sie in Experimenten nachahmen kann. Die Natur *ist* erfahrbar, liegt ja vor der Haustür und ist kein Feind. Erfahrbar – im Sinn von „benutzbar“ ist sie sogar „verstehbar“, nicht erfahrbar sind ihr Charakter, ihr Anfang und ihr Ende.
Als der Mensch noch Bescheid wusste, waren Mensch und Natur eins. Die

heutigen sieben Milliarden Menschen und die Natur sind es nicht mehr. Hätte im 19. Jahrhundert auch nur einer gedacht, dass Meere mit Füßen getreten werden können?

Der noch tierhafte, vormenschliche Mensch der Frühzeit erlernte in Tausenden Jahren, in denen er menschlicher Mensch wurde, sein Leben zu erleichtern, zu sichern oder zu verschönern. Hand in Hand mit der Natur, sozusagen. Dann lernte er, Natur zu manipulieren. Unvermeidlich ging der Blick auf das Gesamte verloren, für immer. Seine Bibliotheken, Archive und künstlichen Gedächtnisse sind nun vollgestopft mit Formeln, Symbolen, Anleitungen, Vorschriften … wenn doch diese gewaltige Menge seines Wissens über die Natur und den Umgang mit ihr, über Nassauern von ihr und darüber, was man ihr am besten nicht antun sollte, aber vielleicht doch darf, endlich geordnet und übersichtlich vorläge. Zwei Bücher würden genügen. Das eine wäre ein mehreremilliardenseitiges Kochbuch, das andere ein ebenso umfangreiches Werk von Bedienungs-, Gebrauchs- und Wartungsanweisungen, Berechnungshilfen für Dosierungsempfehlungen im ersten und, allem voran, ein erschließendes Vorwort.

„Natur" bliebe allerdings unscharf und unbestimmt. Jeder kann über „Natur" was sagen. „Objektiv" wird vorkommen, „nicht vom Menschen manipuliert" wird gesagt werden, „physikalische, chemische und biologische Gesetze und Vorhandenheiten" … Aber das Aufzählen ersetzt nicht das Ganze. Das *Ganze* ist mehr. Ist es vielleicht einfach – alles? Dann wäre der Mensch und alles, was er treibt – Natur? Sein Plastikmüll in den Ozeanen Natur?

Mit einem Wort: *Was* ist Natur? Wir gehen *in* ihr mit ihr um, wir benutzen sie und berechnen an ihr, was wir berechnen können, und das machen wir ganz gut, aber wir wissen nicht, was sie ist. Viele Antworten auf die an die Natur gerichteten Fragen verstehen wir nicht. Wir ersetzen sie durch Vermutungen und Versuche. Ich denke mir, wir stellen gar nicht die richtigen Fragen. Wir können nicht über unseren erdverbunden begrenzten Horizont hinaus; für die „richtigen" Fragen haben wir ungenügende Denkzeuge. Wir geben aber nicht auf. Ein schöner Zug.

Und fragen das Universum: Woher, wohin, seit wann und wie lange noch? *Eine* Antwort, die uns plausibel erscheint, ist das „Standardmodell", der Urknall. Wir sind mit unserem Denken und Berechnen schon seit einigen Hundert Jahren im Kosmos, fühlen uns da draußen schon nicht mehr fremd, jetzt also bekenne, Großes Universum: Was bist Du!

Wir werden uns am Urknall kaputtrechnen, das seh ich voraus. Weil wir nicht aufgeben können. Wir werden aber nicht erfahren, dass wir kaputt sind, wenn wir kaputt sind. Wir sind dann längst zu Rechengeräten mutiert, werden wissen, das schon, werden aber nicht wissen, dass wir wissen. Ich denke so: in der Natur ist *nichts* kompliziert. Die Natur berechnet nicht. Sie funktioniert. Indem wir versuchen, uns in *unserer* Sprache ihr zu nähern, entfernen wir uns von ihr.

Natur als Natur bedeutet uns ja nicht viel. Hingegen bedeutet uns unsere Neugier alles. Und Gott? Wir glauben an IHN schon nicht mehr, wir suchen ihn nicht. Aber (Gewohnheit) das Wort GOTT geistert in uns herum. Wir meinen natürlich nicht den missbrauchten Gott der Religionen, nein, nein, etwas Größeres, Allesbestimmendes … (vor allem: keine Person) – die *Seele, die – Allseele.*

Das Wort („Im Anfang war das WORT") zündet den Urknall? Wort ohne Substanz: Nichts. NICHTS, das ein Universum wurde? – dann ist Gott NICHTS. Das offene, gesetzlose, allvermögende NICHTS, aus dem Universen geboren werden.

Dann könnte sich jedem entstehenden Teilchen beim Werden des Universums ein Anteil dieses Nichts so mitgeteilt haben, dass in jedem, stark verdünnt, auch Gott war. Jedes Teilchen in mir ist dann auch *Gott.* In mir, in der Geranie auf meinem Balkon ist Gott, in dir, im Straßenbelag, im verspäteten Bus, in der Linken, in dem mit dem Sprenggürtel ist Gott, im Saturn, in unserer Galaxis und allen anderen Milliarden Galaxien, in der Asche deiner Zigarette, die du schnell abstreifen müsstest, damit sie nicht den frisch gewischten Fußboden beschmutze, ist Gott. ALLES ist Gott. Nichts ist böse, nichts gut –.

Ob dieser Text durchgeht?

2014

Sepp oder Pro Asyl

Die Menge machts. Ein Tropfen überflutet keine Straße, ein Fluss kann Häuser wegspülen.

Vier Menschen können einen friedlichen Tropfen bilden, vierzigtausend können Landstriche verwüsten, Bewohner einer Kleinstadt sein oder irgendeine andere Mehrzahl. Zum Beispiel eine Partei.

Der Name einer Partei ist Schall und Rauch. Das weiß man. Er provoziert Reflexionen, hat aber wirklich nicht mehr Bedeutung als „Kay-Uwe", „Aurelie-Simone" oder „Sepp". Es ist ein Wort. Nichts weiter. Gern genommen werden, sie sind sozusagen Schlager unter den Namen, „demokratisch", „lesbisch und schwul", „pro Asyl", „christlich-sozial", „alternativ" oder sonst was.

Parteien sind Verklumpungen von Menschen, und Menschen haben eine starke Affinität zum Wort. Die Funktionen des Einzelnen (Einzelperson, passive Ware) sind: dazugehören und demütig deformiert mitmachen. Die Partei (juristische Person, aktive Ware) ist ihr eigener Eigentümer, ist Angebot und Nachfrage unterworfen wie jede andere Ware auch, verkauft sich oder kauft andere, kauft auch Leute und scheut kein Mittel, das die Haltbarkeitsdauer verlängern hilft. Bei optimaler Betriebstemperatur läuft das alles wie geschmiert. Interaktive Verpuffungen und gute Ernährung sorgen für die nötige Wärme.

Und was isst man so? Worte. Hauptsächlich Worte. Die sind schnell leer. Ausgelöffelt wie Kiwi.

Vereine, Unionen, Bünde, Bündnisse und Banden, Milizen, Armeen, Parlamente und Staaten sind solche Verklumpungen. Die wichtigsten Verrichtungen sind Behaupten und Überreden. Daneben, je nach Klumpengattung, werden Vernetzung und Korruption beobachtet sowie Gipfel und Sondergipfel. Ins Auge fällt der alles begleitende Geruch alten Fleischs. Die ans Licht drängende Wahrheit ist: Die Menschheit besteht nicht aus Menschen, sondern aus miteinander wechselwirkenden Quasiorganismen klumpiger Natur. Die allerdings bestehen aus Menschen.

Nun sollte man meinen, in den Klumpen herrsche, abgesehen von gelegentlichem Rempeln, Gleichheit unter den Individuen. Das ist eben nicht so, sie wären ja Bazillen. Zwar ruft es aus schlecht gelüfteten und falsch verstandenen Kinderzimmern nach Gleichheit, sogar nach Brüderlichkeit, aber nichts ist dem Menschen unbehaglicher, als einem anderen gleich zu sein. Und eben darin sind wir alle gleich.

Das Großartige am Menschen ist ja gerade seine unbegrenzte Vielfalt. Das aber, gerade das stört die Unternehmungen der Pakete, die ich weiter oben Klumpen genannt habe. Sie scheitern oder enden im nicht Gewollten. Die

Bünde, Verbände, Dachverbände, Parteien und so weiter sind nichts als geschickt etikettierte Lügen von Gemeinsamkeit. Mit einem Wort: Ein Mensch plus ein Mensch sind nicht zwei Menschen, so wie ein Apfel und eine Wespe nicht addiert werden können. Was ist unsere Haupttätigkeit? Lügen.

Und in einem Zweiten sind wir einer wie der andere: Wir sind nicht, wir streben. Nur eben jeder für sich. Wonach? – nach Worten. Wir lassen uns bündeln, stempeln, verschnüren, kaufen, und verkaufen, überfahren, verkohlen und verstricken, wir suchen – ja was denn eigentlich? Glück? Ja, wir suchen Glück. Wir jagen es geradezu, kennen allerdings nur das Wort. Glück kennen wir nicht. Was man nicht kennt, kann man nicht finden. So streben wir miteinander und, vor allem, gegeneinander, fort aus der Gegenwart, in der wir uns nie wohl fühlen, in größeren und immer größeren Schritten (Fort-Schritt), immer mutiger und leichtsinniger. Und hinterlassen Verwahrlosung, Entbrüderung, Verwüstung, gestrige Straßenbahnen, und unbefriedigenden Weizen. Den bezüchten wir, bis seine Körner so groß sind wie Bomben.

Die so inhomogene Menschheit wird natürlich nie ein Organismus. Sieben Milliarden Menschen, die im Grunde einer dem anderen im Weg stehen, werden durch kein Wort der Welt ein Organismus, und schon gar nicht ein friedlicher. Giftgas mit hoher Temperatur, das sich selbst giftig ist und durch immer neue Wörter in neuen Worten immer weiter aufheizt. Die Geschichte des Menschen ist die seiner Verklumpungen, der Einzelne war und ist austauschbarstes Atömchen in einer weltweiten Wagenladung von Warenballen, die ich weiter oben Klumpen genannt habe, und kein bisschen geschichtsbestimmend. Dauerkrieg, Dauervertreibung und niederträchtige Dauerausbeutung des Menschen durch den Menschen bis zum Ende, zum grausigen. (Raumfahrt oder seine immer besseren Autos zähle ich nicht zu den Geschichtsmerkmalen. Das sind verstehbare Selbstverständlichkeiten, so etwas wie Maulwurfshügel, die er für seine Selbst-Verwirklichung aufwirft.) Sein Verhältnis zu sich selbst und zu seinesgleichen ist nicht vernünftig. Es wird vom Wort bestimmt, das schon, aber nur von windigen Emotionen, die das Wort aufruft. Er geht der Wortmusik nach und, gefällig dazu angehalten, auch gern ins Jenseits, wenn er nur mitpfeifen darf. Vernunft, gesunden Verstand, hat er die? Er ist doch ein gesundes Erzeugnis gesunder Evolution. Unglücklicherweise hat die ihn mit egomanischer Intelligenz ausgestattet, arterhaltendes Instinktverhalten ist dabei verlorengegangen. Er will so gern irgendwo dazugehören, ist aber im Grunde asozial. So wird er bleiben, seine Sprachfähigkeit missbrauchen und sich selbst. Ein ärmliches Ergebnis von Zufällen und schuldlos! Das dürfen wir nie vergessen. Er könnte das beste Ergebnis evolutionärer Entwicklung sein, wenn er könnte. Sie hat ihn gemacht, wie er ist. Hersteller und Hergestellter – beide sind schuldlos. Beide können nicht anders.

2016

Über televisionäre Armut

Die Evolution hat auch gute Seiten. Sie hat uns die Fantasie geschenkt. Viele Namen sind vielen Menschen geläufig: Cäsar, Cervantes, Michelangelo ... Sie werden von Zeitgenossen bezeugt, Studien und Anekdoten sorgen für eine ungefähre Vorstellung von ihnen und wer will, kann sein Leben lang immer weitere Bilder sammeln, und Sibille Popescu aus Ostramondra bei Kölleda wird am Ende Karl den Großen ebenso weitläufig beschreiben können wie Doktor Wisser aus Parchim. Großzügig draufsehend kann man vermuten, dass trotz des richtigen Lesestoffs und schulischer Prüfungen viele verschiedene „Karl der Große“ in unseren Köpfen ihr Wesen treiben. Die wir sagen lassen, was sie vermutlich nie gesagt haben, die wir tun lassen, was sie vielleicht zu tun unterlassen haben, im Warten auf einen wichtigen Kurier aus London, und was sie vielleicht immer noch gern täten, aber die Welt ist eine andere und im Alter sind andere Dinge wichtig, was sie früher nicht waren. Kurz: Ohne unsere Fantasie wäre er nur Karl der Große. Ein Name.

Ebenso geläufig wie Karl der Große sind uns Schneewittchen, Aschenputtel und Hans im Glück. Da befragen wir aus gutem Grund keine Zeitzeugen, weil es die nicht gibt. Wir selbst erschaffen sie in uns, jedes Mal neu, und statten sie, jeder auf seine Weise, zu Symbolen mit plausiblen Eigenschaften aus. Sie sind – wir, so, wie wir uns an ihrer Stelle verstünden. Jedes *Wissen* würde diese wundervolle Fantasiearbeit um einen kleinen Betrag unnötiger machen. Mit genauer Kenntnis wären wir arm.

Es sind keine üblen Mitbürger, die damit liebäugeln, einen Film über Dorn-

röschen zu drehen, schön erzählt, reich ausgestattet, und natürlich muss Dornröschen ein wunderhübsches Mädchen sein. Der Film ist immer ausverkauft, jedes Kind will ihn noch mal und noch mal sehen … Und in jedem Kindskopf schläft und erwacht und heiratet nun ein und dasselbe Dornröschen und es ist Armut da, wo zuvor *eigen*tümliche, reich ausgestattete kindliche Fantasie zu Hause war. Erwachsene knüpfen, das ist so ihre Art, frivole Gedanken an das Mädchen, und haben gute Gründe dafür, der Film ist ja Erwachsenenwerk.
Das Gesetz lautet: Mit jedem Gewinn an Wissen wird das Fantasieorgan um ein Quäntchen reduziert, und wer sich von künstlich und teuer hochgepäppelten Leuten, die die Televisionen verantworten, das Leben schmücken lässt, ist zum Schluss ein bedauernswertes armes Schwein.

2020

Zweites Geschenk

Die Evolution hat uns neben der Fantasie auch das Vergessen geschenkt. Wir dürfen es getrost als Geschenk auffassen, ohne uns naturwissenschaftlich nennenswert zu vergehen.
Geschenk? Inwiefern?
Unsere Fähigkeit des Denkens hat die erfreuliche Folge der Fähigkeit zum Nachdenken. Das ist bekannt.
Nachdenken setzt Erinnern voraus. Erinnern setzt Gedächtnis voraus und etwas, das sich des Gedächtnisses bedient. Dieses Etwas ist ein „Ich“, sofern es neben der Fähigkeit zum Denken über eine weitere Fähigkeit, die Fähigkeit zur Selbstbetrachtung, verfügt, die ihrerseits wieder eine Funktion des Gedächtnisses ist; und eine dritte, die Fähigkeit zur Sprache.
Wenn der Mensch denkt, oder besser, wenn es im Menschen denkt, jeder weiß, was ich meine, kann eben dieser Mensch seinen Spaß haben (sieh mal an, daran habe ich überhaupt nicht mehr gedacht) oder seinen Ärger, weil ihm das, was er eben noch bedenken wollte, nicht einfällt. Das hat der Spaß am Denken verschuldet, also aufpassen! Jetzt tritt neben das Denken das Nachdenken in der Gestalt des Suchens. Das ist Arbeit.

Dem Nachdenken ist vergebliches Suchen nicht fremd. Das Gedächtnis ist ja lückenhaft. Kann man es trainieren? Man kann. Seinen prinzipiellen Makel beseitigt man dadurch nicht. Andererseits, und das ist jetzt wichtig, andererseits, welche Last trügen wir durchs Leben, wenn unser Gedächtnis jedes Detail unseres *Er*lebens bewahren müsste. Jedes Erleben findet ja nicht nur unter den begleitenden Umständen statt (die können verbal abgelegt werden, so wie man Gedichte abgelegt hat), es ist von Milliarden Details bestimmt, Milliarden Mosaikkörnchen für ein einziges Bild der Millionen hintereinandergereihten Bilder eines einzigen liebevollen Lächelns.
Wir trügen ein Gehirn mit uns – ein Gehirn so groß wie eine Kathedrale. (Der Benutzer einer Digitalkamera weiß, wie viel Speicherplatz ein einziges Bild beansprucht.)
Ohne die Fähigkeit des Vergessens gäbe es uns nicht. Der einzige Nachteil wäre: Wir würden es nie erfahren.

2017

Letztes Wort

Wir gedeihen prächtig. Acht Milliarden sind noch gar nichts. Zwanzig Milliarden? – stimmt schon nachdenklich. Hundert Milliarden? Da wird die Erde zu schwer, da fällt sie runter. Da fallen wir runter. Dann geht's ne Weile drunter und drüber, es wird geschimpft, geweint, getrunken (die machens richtig. Die kriegen nie was mit und jetzt natürlich auch nichts) … dann ist alles still. Das Universum schweigt wie immer, Mensch schweigt für immer.
Spuren? Narben? Irgendwas?
Ende.
Ohne Absicht richtet auch der Beste ein Ende an. Er geht, irrt, kein Weg, kein Steg, es wird Nacht. Und stolpert und fällt und zerstört ein Universum. Eine Welt geht unter. Zwei Tage später, die Toten sind beweint, die wichtigsten Zimmer sind wieder hergerichtet … und die Larven? Sind alle hin?
Nein, und das Leben ist wieder das vorgestrige.
Nicht immer.
Viele sind, die noch nicht verstehen. Am Ende verstehen sie.
J. S.

18.1.2021